一個母親的故事

教養聾童：由教育家成為家長

邢敏華・廖君毓　譯

One Mother's Story

Raising Deaf Children:
An Educator Becomes A Parent

Barbara Luetke-Stahlman, Ph.D.

‖作者簡介‖

Barbara Luetke-Stahlman, Ph.D.

一、學歷：

1. 威斯康辛大學行為異常領域特教學士
2. 明尼蘇達大學聾教育碩士
3. 賓州州立大學聾教育／溝通障礙博士

二、經歷：

1 賓州大學博士研究（1979-1981）
2. 內布拉斯加大學聾教育助理教授（1981-1984）
3. 北伊利諾大學聾教育主任／副教授（1985-1990）
4. 堪薩斯大學教授與聾教育主任；聽語系與醫學中心研究（1990迄今）

三、現任：

美國堪薩斯大學聾教育教授

四、著作：

1. Luetke-Stahlman, B., & Luckner, J. (1991). *Effectively teaching students with hearing impairments*. NY: Longman.

2. Luetke-Stahlman, B. (1996). *One mother's story-Raising deaf children: An educator becomes a parent.* Los Alamitos, CA: Modern Signs Press.

3. 其餘數十多篇學術論文散見美國各大專業期刊

‖譯者簡介‖

邢敏華

學歷：國立政治大學中文系文學士
美國德州哈定西蒙大學一般特殊教育碩士
國立台灣師範大學特殊教育研究所教育碩士
美國華盛頓大學特殊教育研究所教育博士

經歷：台中圖書館編審、健行工專專任講師
台北市立啓聰學校國中部教師、輔導組長、
輔導主任、導師

現任：國立台南師範學院特殊教育學系副教授

廖君毓

學歷：台北市立啓聰學校高職部畢業
國立中興大學國文學系文學士
台南神學院神學研究所道學碩士

經歷：高雄基督教家庭協談中心助理、兼任研究助理

現任：東南亞神學研究所研究生（神學碩士）

‖譯者序‖

當我在美國進修時，我選修一門教育聽障生的課，教授所指定的教科書作者就是麗葛史達蒙博士（Dr. Luetke-Stahlman）。我那時對她的名字並不熟悉，但卻發現書中有很多教育聽障生的方法非常實用。當我回到台灣後，我想將此教科書的某些觀點化為實務，因此我決定聯繫麗葛史達蒙博士並邀請她來台舉辦研討會，而她對我的邀請函給予迅速熱切的回應。這是我和麗葛史達蒙博士結下數年友誼的開始。

我花了兩年的時間才申請到教育部的經費。當麗葛史達蒙博士在民國八十六年終於來台演講時，我替她連繫了台灣三所城市（高雄、台南、台北）的研討會，使數以百計的教師、專業人員與家長學到如何更有效地教育聽障兒童。麗葛史達蒙博士在那個禮拜演講了四十個小時，她當場示範訓練她的聾女兒瑪麗珮特（當時國小四年級）的技巧；她的另一個聽力正常的女兒——漢娜，當時七年級，前來照顧瑪麗珮特並為她翻譯。那是一個很美好的分享的研習，而再度邀請她來台教學的計畫也一直在進行著。

麗葛史達蒙博士在上次來台時曾帶了一些她的著作，

其中一本新書*One Mother's Story*（本書的英文版），在第一場研習會時很快就被搶購一空，在那時我也買了一本。在這本書中，麗葛史達蒙博士描寫她如何教育她所收養的兩名聾童進入她的家庭的故事，故事裡還包括她親生的兩位聽力正常的女兒以及她聽力正常的先生肯特。她詳細敘述她使用語言獲得（併用口語和英語手語）、聽能訓練、說話、閱讀、社交、領養、支持系統、聾文化與翻譯的一些問題，任何對聾或重聽兒童有興趣的人都能從此書獲益。我覺得這本書會對台灣的現狀有所助益，因此開始有翻譯和出版此書的念頭。

我以前的學生——君毓，具有足夠的英語能力來完成本書的初步翻譯。君毓是一位多重障礙者（語言障礙、腦性痲痺與輕度聽障），但她也同時是一位語文的資優者。當她完成初步的翻譯後，由於她尚未獲得足夠特殊教育的背景來理解某些麗葛史達蒙博士所提及的主題，因此我接手修訂她的工作，並加上所有專業名詞的解釋。這本書就是我們合作的修正版。

很多台灣的專家曾協助我，來努力為聽障兒童提供更好的教育，其中包括了前台北市立啓聰學校的校長張明輝博士，在我擔任輔導室主任的時候，他排除眾議，允許我為君毓設計特殊的教育方案，使得君毓能順利考上中興大學中文系；君毓目前正在撰寫她的第二個神學碩士論文。

在麗葛史達蒙博士回美以後不久，君毓和我去拜訪華府的哥老德大學——全世界唯一的聾大學；之後我們順道去堪薩斯州——麗葛史達蒙博士一家六口居住的地方——旅遊。我們參觀了麗葛史達蒙博士兩位聾女兒所就讀的公立國民小學，那所國小有三百五十位聽力正常的學生，和十五位聽覺障礙的學生，除了普通班老師以外，他們有啓聰教師和語言治療師，此外，對有需要的聾或重聽學生，也有一位聽力學家可供協助。

在美國的聽障生有很多的選擇，但是很少有研究指引大部分聽障生的教學法。例如，那兒有九至十種不同的溝通方式（像聽覺口語法、聽覺加讀話法、口手標音法、口手標音加美國手語法、手勢化的英語、視覺語音加手勢化的英語、精確英語手勢、概念語言及美國手語／雙語雙文化法等）。然而，三十年的讀寫研究指出，不論是閱讀領域或聾教育領域，如果兒童將要讀要寫要拼出英語，他們就必須有視覺的管道——也就是要能看他們正閱讀的語言的音韻和句法。

直到目前才有專業人員和家長開始使用讀寫理論於聾教育的方案上。研究指出閱讀能力最好的聽障兒童是那些有最佳機會來發展他們的聽覺能力（經由新式數位化助聽器或人工電子耳、FM教室系統等等）、說話技巧以及英語文法能力的兒童。在台灣的我們可以一起努力，來發現我們應如何使聾或重聽的兒童看到中文的音韻和

文法。

　　我們觀察瑪麗珮特，當時在國小六年級的普通班教室內，她是班上唯一的聾生。她的學業成績很好，只需要一位熟悉精確英語手勢的翻譯員和一個FM聲場系統，就能在班上參與活動。瑪麗珮特的母親麗葛史達蒙博士告訴我們，現在的瑪麗珮特是個中學生（八年級），她在學業成績上拿Ｂ比拿Ａ多，但她在每一學期仍然名列榮譽榜的名單；這並不代表她不聰明，只因為她現在十四歲了，正享受青少年的社交和獨立。

　　我們也觀察瑪西，當時國小四年級，她在四歲時由保加利亞的孤兒院被送到美國。當瑪西剛上學前班時，她是在資源班內受教，有四年之久，她和一小群聾同學接受啓聰教師的課業協助；國小二年級時，她開始在數學課時進入普通班學習；國小三年級時，她在普通班上數學和自然科學；現在的她是國小六年級的學生，一天有四分之三的時間在普通班，其餘時間仍然到資源班接受寫作技巧指導以及理解社會與自然科的教科書，當她在普通班時，瑪西擁有的支持服務是啓聰教師（與普通班老師一起合作）或一位使用精確英語手勢的翻譯員。

　　麗葛史達蒙博士與尼爾森博士剛完成一篇論文呈交閱讀研究季刊，在文內她們敘述對瑪西執行七年之久的正式英語語言和閱讀測驗的結果分析。她們發現瑪西剛開始時的英語能力低於平均水準，但現在她的水準以聽

力正常者的常模測驗受測，已進步到平均（國小五與六年級）的水準。她的閱讀辭彙與理解分數以標準化的閱讀測驗實施，則為平均或高於平均的水準。麗葛史達蒙博士期望她所有的孩子都能完成大學教育並對社會有所貢獻。

我們對那次的參觀以及啟聰教師和語言治療師的工作留下深刻的印象。那天我們觀察了很多的聾童，看到手語的使用並不會妨礙聾童的口頭語言、聽的能力或讀寫的發展。而且麗葛史達蒙博士在她最新的教科書（一九九八與一九九九年由Butte公司所出版）中證明，並沒有文獻顯示手語會妨礙口語的獲得。我們回到台灣，確信我們專業人員及家長可以一起合作，來發展國內每位聾童的潛能。

我們要感謝上次研討會時國內啟聰教育的先進——國立高雄師範大學的陳小娟教授與國立台灣師範大學的林寶貴教授——的鼎力支持。我們也要向美國的 Modern Signs Press 致謝，他們允許我們翻譯本書。此外也很感謝心理出版社的負責人許麗玉女士和吳道愉主編，他們很仁慈地同意出版本書，表示他們樂意此書的出版能帶給台灣聾童的家長與教師益處。

Barbara Luetke-Stahlman, Ph.D.

邢敏華 于

民國八十九年一月

‖ 目 錄 ‖

題獻 …………………………………………… 001

前言 …………………………………………… 002

序曲 …………………………………………… 004

1 初始之時 ………………………………… 011

2 一些背景資料 …………………………… 013

3 瑪麗珮特的早期家庭教育………………… 018

4 我們的手語 ……………………………… 022

5 手語和閱讀 ……………………………… 024

6 環境的印刷文字和語言…………………… 026

7 象徵性的遊戲 …………………………… 028

8 學手語 …………………………………… 030

9 一個殘障的家庭？ ……………………… 033

10 個別教育計畫會議的失控：一個新的經驗 …… 035

11 聾人的方式（Deaf Way）……………… 039

12 一九八九年的秋季 ……………………… 040

13 申訴過程（Due Process）……………… 042

14 搬家 ……………………………………… 044

15 主張 ……………………………………… 047

16 人工電子耳……………………………… 049

17 英語介入 ·· 062

18 移植手術後的變化 ······························· 066

19 瑪麗珮特上幼稚園 ······························· 068

20 對六歲大的孩子打手語 ······················· 070

21 初期的讀寫能力 ·································· 072

22 聾文化 ·· 075

23 藝術 ·· 078

24 翻譯 ·· 079

25 完整的英語手語 ·································· 081

26 短期看護 ··· 085

27 交朋友 ·· 086

28 瑪西 ·· 090

29 年長的手足 ··· 095

30 一九九二年之秋 ·································· 099

31 支持系統 ··· 102

32 婦女音樂慶祝會 ·································· 104

33 健聽家庭裡的聾文化 ························· 106

34 學校裡的聾文化 ································· 110

35 以成年聾者協助健聽家庭提昇聾文化 ··········· 112

36 領養的問題 ··· 114

37 一九九二年夏天 ·································· 116

38 家族重聚 ··· 119

39 計劃一九九三年 ·································· 123

40 校外的手語翻譯 ……………………………… 125

41 友誼 …………………………………………… 126

42 瑪麗珮特自我倡導聾人權益 ……………… 128

43 新的人工電子耳移植 ……………………… 131

44 瑪西學習閱讀 ……………………………… 132

45 一九九四年至一九九五年……………………… 140

附錄一 作者的教養圖片 …………………………… 144

附錄二 作者一九九七年帶瑪麗珮特與漢娜來台
演講日誌（Taiwan Journal） ……………… 150

附錄三 美國與台灣有關聽障兒就學、就業、就養
的資源…………………………………………… 160

題 獻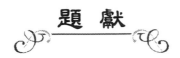

謹將本書獻給下列的母親們：

芭芭拉（Babara）的母親——貝提（Bette Walgran Luetke）

肯特（Kent）的母親——蕾塔（Rita Stahlman Meinert）

為我們發現瑪麗珮特（Mary Pat）的潘姆（Pam Fite）

賜給我們瑪西（Marcy）的琳達（Linda Pittman）

前言

　　無論我們是從事聾或重聽兒童教育，或是身爲啓聰教育師資儲訓機構的教師，當我們和父母們合作時，都被賦予期望要能知道如何以更適當的方式來教導這些聽障者；不僅如此，我們也被賦予期望要能分析和評論今天很多關於這範圍的理論，例如：能力分班的選擇、溝通的模式、語言與系統、擴音系統、聾文化、電子耳移植等。然而這些問題都不單純，且選擇與答案常因兒童而異。我們只針對兒童來說，因爲我們經常容易忘記，年少的兒童雖然也有記憶、意志和個人人格特質，但他們畢竟還是兒童，所以父母有權利和責任做出影響他們孩子的選擇。

　　身爲這方面的專家，我們可能擁有比父母更多的資訊來撫養聽障兒，但那不意味著我們的選擇和決定更簡單、更輕鬆。麗葛史達蒙博士和她的丈夫已經生下兩個健聽的女兒，之後她們收養一個兩歲半的聾女孩，又再收養了一個四歲的聾女孩，他們已有一些做父母的經驗。在下面的故事中您將會看到，他們夫婦做決定時，情感上經歷煎熬的過程。

　　關於作者芭芭拉本身的故事有很多地方與我有關。多年來我成爲教育聽障青少年的專家，前幾年我也選擇收養一位聽障女兒，她像芭芭拉所收養的女兒一樣，來

自貧困的家庭背景，她曾經做過人工電子耳手術，是她自己所要求的，但她使用人工電子耳的效果卻不如芭芭拉的女兒。我們的家庭經驗，難以和芭芭拉及其女兒的家庭相提並論。而在個別化教育計畫（IEP）的會議中，我也有移轉桌位的經驗（譯註：指由專業人員轉為家長之身份）：我也曾尋求每一件有利於這孩子的事，使她發展聾自覺。從芭芭拉的故事中，我獲得一些洞見和觀點。在芭芭拉的體驗中，最令人印象深刻的也許就是當她描寫決定為女兒們使用「精確英語手語」（SEEⅡ）和做人工電子耳移植術時，那些聾人的反應。我們是專業的教授，我們所做的並不是盲目的，但我們的決定曾被別人批評、誹謗過。我們是否愛我們的女兒？當然！我們拒絕承認她們聽障的事實？絕對沒有。我們是否「因為」她們是聾童而愛她們？不，我們愛她們的本相——我並不愛我女兒的耳朵和她的藍眼睛，我愛她是因為她是艾須莉（Ashlee）——是我的孩子，正如芭芭拉愛她所有四個女兒一樣。

家長的選擇和決定是複雜且困難的。家長不需要情感上的勒索或批評或強迫，他們需要清楚、公正的資訊，此外他們也需要情感上的支持。我們希望藉著芭芭拉的故事，來與其他家長分享我們所有許多的經驗和情感，並幫助專業人員和成年聾者更理解我們的經驗和情感歷程。

Gerilee Gustason

序曲

依據我前晚幾點睡或依據我心中的思緒，有的時候在清晨五點我先生肯特的鬧鐘尚未響完之前，我就甦醒了。這是我的愉悅時光：我從經驗中知道，如果我先起床就會驚動我先生，所以我逐漸享受這種似乎被囚禁在床上的感覺。通常我會利用這段時間來計劃我的早晨；思考關於我們孩子或工作的細節；或只是傾聽肯特那令人舒適的呼吸聲。但也有些日子，當我清醒時，我驚訝地發現他已經起來在浴室淋浴了，我懷疑我怎能在令人憎惡的鬧鐘聲中照睡不誤。很久以前，我和先生之間有一個協定——當他匆忙離家前往密蘇里州的堪薩斯城教書之前，他都要向我們道別。從我們所住的歐雷里（Olathe）南郊區開車到他服務的學校，大約有四十五分鐘的車程。大部分的日子，肯特總是希望快點到達學校。

往後的一個半小時，我就曬太陽，那是我一整天中唯一獨處的時間，那段時光是我的。我讀書、吃我的麥片、第一個去淋浴（如果包括肯特在內，我就排第二），且常筆直地走過客廳，開始洗濯一堆衣物。那是暴風雨之前的寧靜時光。

而下一位到浴室淋浴的人，若不是我們的寄宿大學

生蘿莉（Lori），就是我們的女兒卜莉絲（Breeze）。通常那會是蘿莉，她是一位聰明、有魅力的聽障婦女，這一學期我們提供她免費的吃、住，交換的條件是她來做我孩子的保母。我們很訝異地發現事情進行得很順利。

　　卜莉絲是我們健聽的十四歲女兒，她有驚人的時刻表，且是頂尖的好學生，參與多項活動，如管弦樂、唱詩班、藍球隊、秋季戲劇，以及無數的社交活動。如果她需要早點上學，她會以和她爸爸相同的自我意志和動機，從床上振作起來；如果不是這樣，我就得記得在六點三十分以前去叫她起床。我們二個人輪流忙著在浴室中吹乾我們的頭髮後，準備各自上學或上班。

　　我的聽障女兒們瑪西（Marcy）和瑪麗珮特（Mary Pat）像鐘一樣，在六點四十分以前，半睡半醒地跑來找我。我喜歡她們蹣跚錯步的進房，尋求我擁抱或輕拍的方式。在上學之前，如果她們開始爭辯不想穿前一晚我放在地板上要她們隔天穿到學校的衣服時，我就會轉身離開不理她們。幾年以前我試著使我的女孩們了解，我需要緩慢開始的早晨並單獨使用浴室，我將有十分鐘不會再看見她們，她們必須在十分鐘內打點好，那包括依順序穿好衣服、放好睡衣、把床舖好、穿上半統襪和鞋子、梳理頭髮、戴上助聽器，然後她們才能回來再找我談話。她們現在已能獨自穿衣，以前我們曾經花費很久的時間辛勤地訓練她們穿衣。瑪麗珮特六歲，瑪西四歲，

她們同住一間臥房，共享大部分的衣服。她們兩個都是聰明且有創造力的聾童。

漢娜（Hannah）總是最後起床、最後穿衣服，且待在浴室最久的人。我進入她的臥室擁抱她並催她起床，對她下同樣的工作命令，這幾乎是固定的模式。她的反應常是蜷縮著身軀，爭取更多休息的片刻。我離開她房間時向她喊著：「快點！」然後我查看小女兒們，給卜莉絲寫下對她進步狀況的精神勉勵，再走進我的臥室去完成穿衣和梳妝打扮；或者在某個美好的清晨裡，我將放在我書桌上的計畫完稿。漢娜九歲，排行老二，是健聽者，總是在我們要出門的時候才趕上來。

若非蘿莉下樓幫忙做早餐，就是孩子們自己準備早餐。如果卜莉絲還有一點時間，她會找出所需的食物，監視著微波爐和烤麵包機的運作，或將爭論轉化為對話；她在這些方面做得很好。我留在樓上，幫瑪西戴上人工電子耳，並且幫她開啟一個能加速聽覺訓練的電腦軟體。二十分鐘後，我通常已準備就緒，我們的床都鋪整齊了，我書袋裡的書也裝好了。我檢查完瑪西後，送她下樓吃早餐。通常那時瑪麗珮特已經吃完早餐，換她上樓開始做聽覺訓練的電腦練習。

一週三天的時間，我得在七點三十分左右送卜莉絲到初中上課，我們總是順路接送她的兩位朋友；我覺得當卜莉絲必須在哪天搭便車回家時，別人的家庭也會樂

意協助她。記得兩年以前，有天中午她從學校打電話給我，說如果她當天沒出席，就無法參加籃球賽，結果有一位鄰居送她去籃球比賽場；我永遠感激這位鄰居的仁慈。早出門的另一個好處是，儘管我在擁擠的交通中須枯坐在車內，但我比其他人更早到校、找到停車位。在星期二和星期四的時候，我就得把車子停在一哩路遠的停車位，並說服我自己走路有益健康。

在連續執行清晨活動的中間，不是蘿莉就是我來做午餐。我的責任也包括檢查女兒的書包、回紙條給老師們、教碼西發音或講話，編導「表演和說故事」（show and tell）的情節，或準備好單元教學中需要家長配合帶去的東西，（例如：「今天您能否送一隻恐龍道具來學校？」）以及把碗碟放入洗碗機中。有時蘿莉較早離開，我就得開車送女孩們到學校去。廚房內撒滿了玩具、銀器、書本和紙條。然而，大部分的日子裡，漢娜和瑪麗珮特會在早餐後和出發前的空檔中，完成一些閱讀。我不准她們早上看電視。

通常一個星期中會有一天，我會花一些時間整頓這個或那個，找出上學所須帶的「配件」，和孩子們談一些計畫或事情，您知道，我身為一個母親。在蘿莉來我家之前，家中早晨總是吼叫不斷，我們家人很少有時間談天，午餐無法精緻，我們家人遺失很多由圖書館借來的書。我很少有空妝扮，雖然我習慣開玩笑地說，至少

我的衣服總是清潔的。當人們問我如何身兼數職，我會立刻回答我做得不是很好。這些日子，當我開車往堪薩斯城到我上班的地點——堪薩斯大學醫學中心時，我心中反覆地思考：「我愛我的家庭，我也愛我的工作。我期許在所有的需求中取得最佳的平衡。」

孩子們都去上學後，肯特和我去工作。我們的學前孩子瑪西，上完半天的課，放學後，她到一位聾人朋友的家中受托照顧。當小女孩們回到家時，肯特或蘿莉已經在家了。我通常不會擔憂她們，但下雨或下雪時我便開始掛慮，誰會為瑪西取下助聽器，拉好她風衣的拉鍊？漢娜和瑪麗珮特會穿她們的長靴回家，還是穿著網球鞋濺水而行？肯特或蘿莉會不會想到要去帶她們回家，那樣她們就不必走路了？有沒有人記得熱巧克力放在廚房裡？

除非晚上我要教學，否則我通常在五點鐘左右下班。在六點到家前，我沿途辦些小事。肯特在大學修課，一個禮拜會有兩個晚上的課。卜莉絲常在下午或傍晚時分去運動或參加音樂活動。我們已試著讓我們的孩子們在回到家後，照著規律的活動表去做事：掛好外套；在廚房放下她們的書包，等我稍後檢查；吃點心；蘿莉陪瑪西或瑪麗珮特讀書；每個人幫忙弄晚餐並清理碗盤；在晚上七點前不准看電視……等等。一個星期至少有一個晚上，聽障小女孩們去啓聰學校和別的聾童交流，並且留在那兒吃完晚餐再回來。家中每一個人通常會花點時

間打電腦；漢娜和卜莉絲每人一天還得練習三十五到四十五分鐘的小提琴。

如果肯特在家，他會輪流一個個去看每一位女兒，協助她們的家庭作業、監督女兒練琴、和她們談論在學校所遇到的困難。一個月有一次，肯特會帶著一個女兒做些特別的事情（例如：一起出去吃比薩、出去購買學校所需要的東西）。所有的晚餐是他或蘿莉煮的。

由於我在開車回家途中已經計劃過，因此一回到家我就會擬好特別的行程。通常我會花一些時間與我的小女兒們談話、解決一些個人的問題、與聽障學生的父母們在電話中交談，或者去洗衣服。等小丫頭們上床以後，我試著與漢娜談話，然後是卜莉絲，最後，忙完一天的事以後，我上樓到臥室中安靜地閱讀。我留下這段時光閱讀專業性的文章，時間並不長，直到我的眼皮下沈；我整個晚上總是酣然地入眠。肯特則在他的地下層辦公室中讀書兩小時，直到十點鐘左右才上樓和我一起。

然後時光又周而復始。快到週末時我們已準備好鑽入我們家庭生活的小繭囊中且做些小事情。大女孩們在星期六早晨有小提琴練習課程，而且卜莉絲在星期日下午要被送到堪薩斯城的少年交響樂團排練。通常我們之中大部分的人會在星期日早上盡量參加魁克（Quaker）教會（譯註：一種基督教派別，其教義注重和平）的聚會；星期日下午，當我們開車回歐雷里時，肯特和我會停下

來一起辦一些事情。我們做些消遣娛樂、避開速食餐廳、不鼓勵女孩們做複雜參與性的計畫。雖然如此，孩子們常花很多時間在小睡、做清潔工作、看電視、閱讀，以及在很多干擾的情況下緩慢完成桌上的作業。肯特和我總是帶著我們的狗派齊（Patch）出外至少溜躂一小時。孩子們不是邀他們的朋友們來家中睡一個晚上，就是待在別人的家中數小時。如果沒有下雨或下雪，瑪麗珮特和瑪西會在家中的後院，不停地盪鞦韆或玩扮家家酒。

1　初始之時

　　收養聽障孩子的決定，得溯自我童年時代的經歷。有一位小聾童偶爾拜訪我們的鄰居；一位聾修鞋匠就在我父親辦公室的附近開店；我的一位聾堂妹在她家的湖畔草坪上翩翩起舞，宛若一位騎在白馬上的小仙女……。

　　稍後，我進入位於麥迪森（Madison）校區的威斯康辛大學（University of Wisconsin）的特殊教育系就讀，主修行為障礙；我也參與婦女運動、反戰（越南）示威，且成為同性戀的人權支持者。身為一位中產階級的白人，我認為我的人生不僅侷限於豐衣足食而已。我期望做些事情來回饋我的國家、我的世界。

　　當肯特和我結婚時，我們協議好在生下兩個屬於我們自己的孩子之後會收養一位聽障孩子。卜莉絲生於一九七八年，漢娜生於一九八三年。生完漢娜一個月後，我們填妥第一張收養申請表格，並接受第一次收養訪談。之後經過五年我們又填了很多的申請表格和接受多次訪談，我們仍然在等待著。這個社工轉介系統似乎不太有效。我們曾在美國國立的收養網絡系統中申請收養特殊兒童，而且我們也已在當地的機構完成所有的課程和填

妥所有需要的表格。我們是有毅力且受過良好教育的夫婦，但我們還是眼睜睜地看著孩子從我們身旁溜過。我們的能力不足以收養國外的小孩，所以我們持續地訂閱領養期刊和通訊，與聯絡者談話，並繼續養育我們自己親生的孩子。我們婚後的第一個十年中，我們想收養聽障孩子的計畫看來似乎無法實現。

②　一些背景資料

　　一九七三年我曾在提裘亞拿（Tijuana）市的一所啓聰學校教書四個月，之後我轉到威斯康辛大學完成我的大學課程，獲得大學畢業證書和榮譽績優學生榜。畢業後，我一方面在麥迪森校區的貝格（Badger）學校中擔任教師助理，協助認知缺損的聽障兒童，歷時一年；另一方面我在這一年中等待研究所的入學許可。有一天，我接到摩爾斯（Don Moores）教授的電話，他說他願意提供我有薪水的獎金，召喚我到明尼蘇達大學研究所做他的研究助理；掛下電話後，我在公寓的小房內興奮跳躍不已。我花了四年的時間，組織了聯合農場員工，追隨著他做研究。一九七五年，我成爲領有執照的啓聰教育教師。

　　隨後我教了五年的書，與肯特結婚，生下一位孩子（卜莉絲）；跟隨著摩爾斯教授到賓西法尼亞州立大學（Pennsylvania State University）攻讀博士（我主修聾教育和雙語教育）且成爲一位教授。肯特是一個電腦奇才和數學老師，他不斷地配合著我遷移，使我能在事業上精進。當我在內布拉斯加（Nebreaka）大學的歐馬哈（Omaha）校區教書時，我生下另一個孩子（漢娜）。沒多久我們

又搬到伊利諾州的斯克摩爾（Sycamore）市；我成爲伊利諾大學啓聰教育方案的負責人，並與我的同學陸克納（John Luckner）合著一本大學教科書，（譯註：指Luetke-Stahlman, B., & Luckner, J. (1991). *Effectively teaching students with hearing impairments*. NY: Longman.）內容爲教導聾或重聽兒童的策略和方法。那時我更熱切地想找到另一個聽障孩子來加入我們的家庭。

　　既然當時我們還領養不到聽障幼兒，肯特和我努力了一年想再度生下另一個孩子卻無法如願。我們每個月開車到芝加哥，盡力去做別人成功得子的任何良方或建議。最後我們決定我們實在沒有時間、精力或興趣來繼續做這些事，於是我寄了一堆聲明到以聽障爲主題的報章雜誌，描述我們開始想要領養聽障兒童的願望，同時我也繼續在流通國內的刊物中發表我領域中的專業文章。

　　當潘姆費特（Pam Fite），一位德州北部的啓聰教育領導教師，打電話告訴我在她的方案中領養聽障兒童的可行性。那時卜莉絲九歲，漢娜四歲。潘姆曾在一本叫《聲音》（*The Voice*）的雜誌中讀過我的聲明，並拜讀了我爲一本《觀點》（*Perspectives*）的雜誌所寫的文章。潘姆在她的課堂上觀察到一位聽障幼兒，其養父母不曾學過手語，也不太能參與擬定教育目標。她決定第二個可領養這位聽障幼童的家庭一定要能與聽障孩子溝通，並能爲聽障孩子倡導其權益。幸運地，我們已經完成了家

庭研習，並已在社區中登記為領養父母。我們寄了有關的資料給德州的社工師並等待結果。我們試著去適應這個覺醒──也就是說，經過多年與人談及領養的計畫之後，我們可能真的要被考慮為聽障孩子的養父母了。

後來聽說有二百多個家庭想申請領養這個叫做安妮（Annie）的孩子，但是因為潘姆堅持這個小女孩需要的是立刻可以和她用手語溝通的家庭；加上處理我們案件的社工師的配合，安妮終於在一九八八年的八月搬來和我們住，那時她已經兩歲半了。我給她取了新的名字，好讓她可以輕易地讀唇並發音。我們決定為她取名瑪麗珮特（Mary Pat），因為有位瑪麗珮特摩勒（Mary Pat Moeller）在柏伊斯鎮國立研究醫院（Boys Town National Research Hospital）服務；她是一位傑出的專業人員，曾經幫助過數以百計有聾或重聽子女的家庭。

瑪麗珮特的社工師瑪麗珮特蒂（Mary Pattie）以及她的養母查而（Char）在她快上幼稚園之前一個週末抵達芝加哥。現在看來，當時的狀況有點怪異，甚至在那一刻我們還不能完全確定她即將成為我們的孩子。沒有人曾經對我們解釋過領養的過程，以及不同的步驟所代表的涵意。無論社工師說什麼，我們都接受，並等待下一刻的消息。為了這個理由，我們至少花了一年，才表達我們對瑪麗珮特安置時效的失望之情。我們都是教師，夏天都不用工作；然而，由於當時那位社工師有五週的

假期，此外，她想帶著瑪麗珮特來造訪我們，我們因此等到八月才看見女兒。如果她早點來到，我們可以利用夏天的時光來連結一個家庭。但最重要的是，漢娜也不用在開學時，帶著一位新妹妹上學；這位新妹妹成為眾人矚目的焦點。

隨後的幾天和幾個禮拜，我們繼續地感到不安。我很清楚地記得瑪麗珮特與我們同住的第一個晚上，我們把瑪麗珮特放在床上後，我和肯特躺臥的情景。漢娜現在告訴我當時的瑪麗珮特很愛哭，而且我對她也很嚴厲，我不記得這個部分。我倒記得當晚我在毛毯內握著肯特的手，我們彼此承認擁有新女兒之後的恐懼感。我們已經生了兩個女兒。我們曾經在幾年前計劃並夢想要把女兒們撫養成人……懷胎九個月感受嬰兒成長，準備生下她們。自從我接到德州打來關於瑪麗珮特的電話後，已有短短八個月了。她是個學齡前的聽障兒童，且需要一個好的領養家庭。現在她就在這兒！她戴著助聽器、有一箱子的衣服、一些玩具、會上廁所、能自我進食，並且她幾乎就要與我們同睡了，她看來不像一個無助的幼兒；她是個活潑、具堅毅人格、兩歲半大的小人兒。

我們知道我們可以提供瑪麗珮特一個美好的家庭、一個美好的家庭經驗和一個美好的人生。我們夫婦躺在暗夜中手握著手，想著孩子的就學問題和學手語的事情、我們健聽女兒的需求，和一些我們不太有信心的事物。

那是一個特別的夜晚，我們充滿著沈重的責任感，永銘於心。

在瑪麗珮特來到家中三天以後，我們參加她入學的第一次親師會議。那是一個小型的會議，成員包括專業人員、肯特和我。每一個人員都很興奮，為我們高興。瑪麗珮特被安置在我們鄰近學校中的幼兒教室；禮拜二到禮拜五早上上課。她是那裡唯一的聽障幼兒。

我們很感謝瑪麗珮特被分配到半天制的診斷式教育安置（diagnostic educational placement）中，但我們也感受到需要擴充她的家庭教育。也許因為我有聽障教育的背景，我了解如果將來她想和漢娜去上普通的幼稚園和公立學校，且能適應良好的話，她必須完成一些訓練。我們仍有三年的準備期，讓她預備好上普通公立學校。那時她快滿三歲，只知道十個手勢。

3 瑪麗珮特的早期家庭教育

　　肯特和我兩個人都出外工作，所以我們尋求可以讓我們為瑪麗珮特統合說話、聽能和語言訓練的例行家庭作業。坐下來一次次地教導她，不是我們的風格。我們相信為了適應及接近健聽的社會，瑪麗珮特需要使用她所發展的任何語言，來擴增她的英語手語功能。在她和我們住之前數個月，瑪麗珮特已選配了適合的助聽器，所以我們一方面試著加速她的傾聽技巧，一方面也同時教她說話構音技巧。我們每天試著將刺激音與日常的動作相互配合，瑪麗珮特似乎很樂於聽到伴隨著日常活動的聲音。例如，當我們說：「u-u-u-u-u-up...」（上面）這個字時，我們會提高我們的音調，並把她舉起來。在我們帶她去坐高腳椅的途中，會一邊製造飛機的聲音，一邊抱起她像快速旋轉的飛機般轉圈，她常常要求再來一次，並製造相同的聲音。有時當她在我們的手臂上，轉頭去看有趣的小東西時，我們會發出她有興趣事物的聲音。將聲音和伴隨的動作相連結，並不會額外花時間，但此舉似乎能刺激瑪麗珮特的殘存聽力。

　　我們家人會討論一些額外的家庭例行性活動，以增加瑪麗珮特練習說話、聽能訓練和英語語言的機會。我們也帶瑪麗珮特到大學的語言診所接受治療，因為在幼兒教室工作的語言治療師正要學手語，瑪麗珮特不太能理解她的要求。語言診所離我們家有十五分鐘的路程，我們一週只去一至二次而已。我們停車以後，再帶著瑪麗珮特去，因為怕她的小腿不耐走很長的路。我們常在走路時和她談話，即使她的頭有時會轉離我們；我們會說些簡單的話語像：「看！這是布蘭登（Brandon）。」雖然她年紀很小，但她似乎了解。由於我們的手忙著抱住她，我們沒辦法打手語，在此自然的情況下只能用口語。我們只用簡單的辭彙像「看」或「那裡」；在她指向一些東西時，我們說：「哦！好。」來表示我們看到她所指的東西。我們不太確定她剛開始能否完全理解所有的辭彙，但我們一定會在日常生活重複地使用這些辭彙。當我們的手有空時，就會加上手語；經過一段時間，她開始能唇讀我們所講的一些口頭語言。

　　我們也試著將聲音與有意義的字詞相連結，特別是瑪麗珮特早已知道手勢的字詞。例如，我們教她乳牛會發出「MOO」的聲音來，鬼發「BOO」的音，聖誕老人發「HO、HO、HO」的音，我們也鼓勵她在適當的場合說「再見」；在同意的反應發「uh-huh」，因為她還發不出「Yes（好）」的音。我們也購買或借一些有聲的玩具和

洋娃娃、一些弄出瑪麗珮特聽得到部分聲音的洋娃娃，
或她按下就會發聲的玩具。

　　我們是常用很多時間開車辦事或用車帶孩子們去做
各式各樣活動的典型家庭，我們試著利用開車時間來為
我們的孩子訓練聽能、發音和英語技巧。瑪麗珮特的聽
能仍在察覺階段，她試著一致地指出有否聲音的存在。
我們有時會打開或關掉汽車的音響，試著讓她告訴我們
她聽到了音樂沒有。假如音樂正飄揚，我們會叫她拍手
或隨韻律搖動；如果關掉音樂，我們會提供她適合的情
境語言，例如，我們可能會說：「我聽不到任何聲音
了。」我們常在開車辦事時，做這些練習，而瑪麗珮特
也會對她所能聽見的一些環境聲音，模仿我們的反應。

　　我們也對女兒又唱又比許多首童謠，我們會試著挑
一些既口語化又有意義的曲子。我讀過的書指出理解那
些童謠有益於兒童閱讀能力的提昇，所以，無論我們是
在醫院的候診室中，或我們在一些安靜時刻同坐時，我
們會唱出或唸出童謠。她學會唱「一閃、一閃、小星
星」、「王老先生有塊地」等歌謠。我們玩一些遊戲，
使用不同的的音調和聲音，但瑪麗珮特似乎對高音和低
音沒啥反應。

　　這些年來有人曾問我們，為何我們要對瑪麗珮特使
用手語？我們的女兒的確需要手語，因為她想要表達溝
通的東西很多，但她所說的話語卻非常地不清晰（令人

無法理解）。

4 我們的手語

自從瑪麗珮特來到我們家以後，我們家中的每個成員一直盡其所能，學著併用口語和手語和瑪麗珮特溝通。我們健聽的女兒，似乎不懂得某些字詞隨著不同的語意概念，同一個字會有不同的打法。有一天，五歲大的漢娜問我「跑」字怎麼比，我就開始解釋，打法有很多種，看表達的內容而定。在我認為很適當的解釋途中，漢娜打斷我的話說：「媽咪！『跑』字怎麼比？」那天我們採用「一字、一手勢」的理念，一個字就用一個手勢對應，不管意思如何。精確英語手語（Signing Exact English，簡稱SEEII系統）（譯註：一種合於英語文法的手語）對一個使用英語的家庭而言，似乎較為簡單。

對我們的家人而言，使用的英語手勢，跟我們的講話和書寫一樣，是較為容易的，例如，我們會把兒童書籍中所有的隱喻語言（figurative language）比出來。如果書上有「流鼻涕」（runny nose）或「整齊」（neat as a pin）這些片語時，我們就會一字一個手勢地用英語手語比出這些字來。這種溝通法，讓身為父母的肯特和我、卜莉絲及漢娜都能用我們的家庭語言來和瑪麗珮特溝通並讀

書給她聽。

　　我們也把一本兒童生詞書〔理查史蓋瑞（Richard Scary）的文學作品〕放在廚房餐桌的烹調書架上，且靠近瑪麗珮特的座位。我們儘可能一天一頁地為她讀這本書，並和她討論新的生詞。我們會自我挑戰，查出這幾頁生詞的打法，將之應用於日常的生活會話中。例如，在早餐時，卜莉絲可能會對她比：「妳能不能找到麵包呢？」或「我看到烤箱，妳呢？」或「我們閃亮的烤箱在哪裡呢？」我們全家人用這個方法練習了至少一年，大家都學會了很多手語詞彙。

手語和閱讀

　　身為教師，我們重視閱讀，且家中充滿了書籍。我們知道若要提昇幼童往後的讀寫能力，我們就必須讀給幼兒聽或看。因此我們付出很多努力，讓瑪麗珮特不離讀寫活動，使她經歷到我們健聽的孩子們在她這年紀所擁有的閱讀時光。在比手語時，我們用塑膠的食譜支架固定書本，或在頸子上圍一條線綁住筷子，好筷住打開的書頁。其他時候，我們把書放在膝上或請她用手拿住這本書，如此我們的手才有空來比手語。

　　為學齡前的孩童用手語比故事是一項挑戰！有時我們會一面翻書頁，一面隨著我們孩子的引導（follow the child's lead）來為書頁上的圖片命名；但有時我們會讀出故事中真正的詞彙，因此我們就得查閱我們的手語字典，並對沒有手勢對應的字詞使用「指拼」法（fingerspelling）（譯註：指英語二十六個字母的手勢）來拼出詞彙。我們認為上述兩種閱讀活動都很重要，閱讀不是只是指著圖片，告訴孩子圖片所代表的字彙而已。我們知道像所有的孩子們一樣，瑪麗珮特喜愛一遍又一遍地聽同一個故事，因此，我們向自己挑戰，熟悉某個故事中的手語，

讀整個故事給她看，直到她似乎聽／看煩了。此舉使我們習得很多的詞彙以及在我們日常生活對話中很少用到的字首和字尾的打法。最後在閱讀這故事到第十次時，我們只需查閱幾個字詞的手勢。簡短字（在五個字母以內）的指拼，對瑪麗珮特而言，似乎可以接受；她也開始在這種環境下，能指拼出十二個左右的全部或部分的詞彙。

　　我們也把一盒小書放在我們的車內，利用車上的時間來看一些兒童讀物。如果瑪麗珮特坐在前座，她常會主動提到她在一本書裡看到的內容。肯特和我發現，我們居然可以邊開車邊指出和說出圖片的名稱。雖然我因此接過幾次超速開車的罰單；朋友們後來以這個理由開我玩笑，說我離開本州是為了要在別州有一個全新的良好駕駛紀錄。

6 環境的印刷文字和語言

　　循沿著教導我們年長孩子的經驗，我們體會到兒童常會說出他們常經過的商店名稱。所以為了瑪麗珮特，我們拍了一些餐廳、商店、圖書館和當地公司行號的照片，然後我們在家裡練習命名這些照片，通常這種練習，在飯前幾分鐘就可以完成。

　　而一堆資料也放在廚房桌上的一角備用。如果我們要帶瑪麗珮特到一個特別的地方，我們會用膠帶把卡片貼在汽車的儀器板上，讓她可以開始了解這些圖片的意思。有時我們會從手語書中選擇一些手勢來指目的地名稱．例如：老鷹食品店（EAGLE FOOD STORE）或是角落市場（CORNER MARKET），其他商店像K-MART我們就用指拼。我們為某些商店和場所發明一些手勢。例如：Wendy's（溫娣漢堡店）我們就比「餐廳」和字母提示（溫娣漢堡店就比W's而不比Rs）。我們也曾詢問我們社區中的聽障家長和其他聽障兒童的父母們，關於這些商店和場所的手語比法。我們發現，雖然大部分的人是用指拼法拼出詞彙，但有些地區性手語對一字一手勢的溝通有

所助益。瑪麗珮特開始會對我們要去的目的地表示她的
看法。

7 象徵性的遊戲

　　眾所皆知，遊戲與語言之間有重要的關聯性。我們給予瑪麗珮特很多使用象徵性、描繪性的遊戲機會；例如，她曾使用木製的湯匙，把它當成喇叭或攪拌器在廚房「幫忙」我，當瑪麗珮特假裝在廚房攪拌一些東西時，我們會問她在做什麼菜、誰來吃晚餐，或等一下誰要去洗碗盤之類的問題，假如我們得不到回答，我們就會建議她如何回答這些問題。

　　當我們看見瑪麗珮特能在家中每天和漢娜玩遊戲，並以手語對談時，就覺得實在很幸運。當她在學前班和幼稚園階段時，有幾位專業人員指出她和她的同伴只能玩平行對應的遊戲（parallel play）（譯註：指說出對方正在從事的活動，例如：「你的車子在上坡。」）；而她寧可與她的手語翻譯員互動，勝於找其他健聽的兒童溝通，此點令我感到很訝異。我們在家中向團隊成員報告這種象徵性的遊戲插曲常有數小時之久，我提醒團隊成員──一個高層次的遊戲必須伴隨一個能互相分享的溝通系統。瑪麗珮特不需要遊戲的技巧，問題在於她的健聽同學無法以手語和她溝通。她喜歡和手語翻譯員玩而

不和同學玩的理由，就在於對方能和她做複雜的會話溝通。

 **學手語**

　　自從瑪麗珮特到達以後，我們家的每一個人就已非正式地學過手語。我們發現，當我們把手語融入典型的家庭例行生活中，如穿衣、飲食、浴廁訓練、外出時，我們就更容易學會手語。這些活動提供良機，讓我們說出／比出想法、練習比些詞彙、詢問問題或是單純的聊天。我們選擇能配合日常生活情境的語言來比出手語。例如，我們又比又說：「哇！有很多枝鉛筆在這裡。」而不是「看！看！很多，很多的鉛筆。」假如我要某件東西，我會說：「把它給我。」而不是「把它給母親。」在某些情況下，當我稱呼自己為「媽咪」時，我會比「媽咪」而不比「母親」的手勢。我們儘可能為女兒提供真實、純正的英文手語和口語。瑪麗珮特使我們的「家庭時間」成為忙碌的家事！

　　我們把所有能到的家人圍成半圓形坐下，一起玩拼圖、配對遊戲、美工設計、一起做家務、打手語聊天等。瑪麗珮特練習英文，我們練習比手語。若有一位家庭成員不能準時參加，我們接受，並試著安排下一次聚會時間，好讓他（她）能加入我們當中。我們也鼓勵任何的

家庭成員使用家中的手語字典，這個資源對我們的手語發展很重要，我們把幾本手語書遍布在家中不同的地方和車子裡。我們也認為查字典的舉動已為瑪麗珮特豎立良好的模範，等她將來長大，當她閱讀時，遇到不懂的生字，就可以自己查手語字典。

我們全家人也開始領導並參加社區內正式的手語課程。肯特和卜莉絲，那時她才十歲，旁聽大學的手語課，由一位聽障者蓋維馬（Guy Vollmar）授課。漢娜，我們的五歲女兒，則每個星期六參加由本地公園服務處所提供的兒童手語班。

我們也在鄰近的學校，開始協助設立兒童手語班。這是公園服務處的一項試驗性計畫，他們聘請一位在大學聾教育系在職進修的老師來我們鄰近的學校教兩堂手語課，一班開放給幼稚園到小學二年級的學生，一班開放給國小三年級到五年級的學生。每週一次，利用休息的時間，每班抽出三個學生來上手語課。然後他們在每天早上升完旗以後，在教室內教其他的孩子們手語。當他們上完課回來時，有些老師會把學生帶回來的手語頁，貼在教室後面的公布欄上；有些老師將手語頁編成小冊子。大約有三百位健聽兒童藉此機會學會了一些基本手語，然後我們就坐享其成。當瑪麗珮特外出到社區時，孩子們就會和她比些手語。

當我們的聽障朋友馬可和卜莉絲、漢娜一起參加本

地的游泳隊時，我們編製了一本手語小冊子。這本冊子
收集了四十個句子，是我們常聽見的游泳練習術語和游
泳比賽的用語，還包括每一位成員的名字，以及一些打
手語的基本規則在內。這本冊子的其他頁是由手語畫冊
中影印的手勢，以配合上述的句子。當隊員們在選手席
等待他們的事務時，就互相傳閱這本冊子，以便學習對
馬可打出功能性的語句，例如：「離開我的泳道。」「你
是不是把毛巾留在收藏室了？」。

9　一個殘障的家庭？

　　我們家人非常重視瑪麗珮特，家中為了她的溝通需求做了一些調整。光陰似箭，很遺憾地，我幾乎不記得漢娜幼稚園時代的任何事情，我只記得有一段時刻我們被迫得專注於排行中間的孩子。漢娜曾抱怨過持續數週以來的疲憊，但我們選擇忽略此事並繼續送她上學。後來她被診斷出患有巨大細胞病毒（CMV），這是一種影響她很大的病毒。當她明顯生病時，我們感到相當內疚，體認到我們在瑪麗珮特的需要上，付出太多的心力。我們那時的生活重心圍繞在尋找會手語的保母、參加個別化教育計畫（IEP）的團隊會議、為日間托兒所訓練手語翻譯員、設立家長會以及出席家長會等事情上。

　　我們開始努力使自己的家減少殘障的程度，並使家中的例行公事正常運作。肯特和我開始規律化地運動，並對我們健聽的孩子們付出更多的照顧。我寧願相信我們年長的女兒們由於父母的領養決定，而更敏銳、更願給予、更了解別人的特殊需要。然而她們無法控制此事，當然也無法預測這個決定對她們人生的特殊影響，這是肯特和我將永遠承受的重擔。我們開始在每個禮拜帶每

　　一位孩子單獨出去吃頓晚飯，且常常告訴她們，我們認為她們是非常獨特珍貴的。

10 個別化教育計畫會議的失控：一個新的經驗

　　瑪麗珮特正式的個別化教育計畫會議預定在十二月召開。那個會議是在決定下個學期讓她接受怎樣的教育。我們知道在過去，所有的聽障兒童都曾被送到遠離我們家園一小時之遠的羅克福德（Rockford）去上合作學校（Cooperative programs）。然而，我們覺得瑪麗珮特被領養現況的特殊，因此，需要有特別的計畫。我們睡不安寧，察覺到第一次會議以後，事情有了一些改變。第一次開會時，每一個人都如此興奮，笑道我身為聾教育的教授，也是家長支持者的雙重角色。而現在我已由專家席的桌位移轉至另一端的家長席了。

　　其他的父母與我們分享他們的感受，他們認為我是聾教育的教授，在開會的過程中給予洞見。過去和現在，他們給我們信心，確信我的專業，會影響對方提供給我們的機會和選擇。真實與否，前些日子，這種父母的想法只有增加我的內疚感。我覺得我在會議中尚未準備充分，也沒有效果。我們家中為了所面臨關於瑪麗珮特教育的問題憂心不已。我試著學習如何有效地為她辯護的

技巧，肯特和我一起討論過在會議中要使用何種的策略，在離開他們時，感受聽不到的無助。很快地事情演變成「我們」對抗「他們」的狀況。

我認為在伊利諾州的基本問題是「控制」一事。我們曾討論過，為何我們煩惱自己的價值觀，不被個別化教育計畫團隊中的教育者所認同。既不是金錢，也不是瑪麗珮特的需求，那只是行政者不希望我們認為我們能夠影響我們女兒上學地點和上課時間的長短。

我過去以教授的身份所了解的會議過程，如今已因我們所經歷的事實而粉碎，也許是由於我從學術上的象牙塔走下來了吧。無論如何，看來，我們真正參與此會議之前，有關瑪麗珮特要去哪一所學校，以及每天要上多久課的假定都已做好。這個團隊會議的過程，即使包括了我們家長成員，看來已一步一步地被人佈棋引導。

在個別化教育計畫會議中，行政人員告訴我們如果瑪麗珮特要繼續上她目前所唸的幼兒班，她只能夠接受半天的教育，否則她可以通車到羅克福德的合作學校去上一整天的課；然而，如果我們的孩子可以聽見，她可以在托兒中心待一整天的時間，直到我傍晚時分再去接她。我們不了解為何她不能被安置於正常化的環境，她是一個正常的孩子，除了聽障以外。團隊中的成員，看來對我們很失望；我們對他們也很失望。

如果我們不曾成功地養育過二個孩子，我們可能會

準備好接受學校人員專業的建議，包括：安置、手語的選擇、社交互動等等。但幸或不幸，事情並非如此。我們是中產階級、大學教育出身，對我們來說，一位剛領養來的新女兒，不應遠離家庭上課，是件很合理的事。令我們震驚的是，我們必須在會議中與許多人討論影響我們家庭的基本決定，而且，個別化教育計畫的成員忽略我們提議增加學校社工員開會的需求。我們原以為會得到他們的支持；會中沒有成員討論過我們領養的需要。

即使我們認為上一整天的課程對瑪麗珮特有益，我們與團隊成員最後決定她應該繼續在我們家附近學校的幼兒班上半天的課。她的開學日在一月，之後是個瘋狂的安置。

這所公立學校的幼兒班不在星期一收容學齡前的孩子，以便教師有空作家訪。（然而，瑪麗珮特上幼兒班的兩年中，老師從未訪問過我們！）在星期一，她就去我工作所在附近的日間托兒中心。我們請了一位翻譯員協助她和老師們以及健聽的孩子們作溝通。

每週的其他早晨，她在我們家附近學校的幼兒班上課。她是唯一的聽障兒童，所以學校提供一位手語翻譯員。在她班上大多數的孩子們有認知遲緩，或說話和語言障礙的問題，這些有溝通障礙的孩子幾乎很少主動和人說話，沒有任何一位小孩想要和我們的女兒談話。那年春天，我們每兩週去觀察瑪麗珮特一次，逐漸擔憂瑪

麗珮特在班上沒有人和她玩耍，而且除了老師和翻譯員之外，沒有可以讓她學習語言的人。學校中午就放學。瑪麗珮特被送往和社區中一位會打手語的保母一道回家。她在那兒吃東西、午睡、和保母及健聽的孩子們一起玩，直到肯特在四點左右去接她。我們希望下一學年的會議中，我們可以說服學校人員，提供孩子一個每日上課的一致統合的安置。我們爭辯沒有其他三歲的幼兒得來往於這麼多的環境來接受教育。

有二十一個成員參加我們的春季會議。他們為不同的意見舉行表決，而我們做父母的卻不能投票；如果家長能投票，我們的人數會比他們多。我記得當我們站在鄉下小鎮舊的行政大樓外等候時，一位督導員對我說：「我們只希望做出對你女兒最好的決定。」但現在這麼多成員怎麼知道什麼是最好的？我內心充滿疑惑。我們家長不曾被要求在瑪麗珮特下學期期初一月或期末五月的個別化教育計畫上簽名。直到我們搬到堪薩斯學區，才發現此事是何等的怪異。

11 聾人的方式（Deaf Way）

　　當學校放暑假時，我們需要休息。我們收拾好行李到華盛頓特區和哥老德大學參加一個國際性的會議「聾人的方式」。我曾在電話中被告知此集會將使我們以聽障成員為傲，這的確是事實。當我們的孩子在上極佳的托兒所課程、造訪華盛頓特區的名勝、和聾成人相處在一起，且學習更熟練地打出手語時，肯特和我也參加講習會和研討會、與成年的聽障者和健聽的專家學者社交，並學到很多有關聽障的知識。

　　當我們第一次到達「聾人的方式」會場時，我們家人彼此打手語，深恐我們的英文式手語會被別人嘲笑；但當我們在哥老德大學的足球場上野餐時，不論聽障或健聽的成人都會加入我們，並且稱讚我們能用手語和瑪麗珮特溝通，我們深受激勵與釋懷。我們度過了一個美好的假期，且以家人能積極改變而促進我們聽障女兒的成長為榮。

12 一九八九年的秋季

事與願違，瑪麗珮特秋季開學，她的課程安排混淆不清。星期一時她在托兒所接受職能治療（OT）、物理治療（PT）及一些聾教育的服務；星期二至星期五早上，她繼續留在幼兒班。午後有幾個要她參加的社交活動，在我們社區兩個不同的學校：一所在星期二和星期四上課，另一所在星期三和星期五上課。她有時在附近的一所高中上課，因為她早上的某些課是由高中生帶領的，這些校區各有不同的健聽兒童團體。有位聾教師在那年秋天受聘為瑪麗珮特與另一位學齡前的聽障兒服務，當她沒在走廊上訓戒聽障幼兒時，就擔任高中部的手語翻譯員。

肯特和我對這些改變非常不滿，我們的女兒一星期要去四種不同的班級上課，八位不同的老師，並與每班四十五位不同的孩子們共存！不同學校的專業人員間似乎沒有聯繫，手語間的打法也不一致，減緩語言的學習進度。我們曾試圖修改計畫到二個安置，但失敗了，之後，我們就在十月間提出申訴（due process）案件，那年的情人節當天對我來說真是沮喪，我要幫我女兒在四十

五張情人卡上簽名，似乎校內沒有任何人體會到遊走各
班時，瑪麗珮特所承受的壓力。她開始尿濕在褲子上，
每天早上在我的房門口，問我哪裡是她的第一個班和第
二個班。

13 申訴過程 (Due Process)

　　在一九八九年的秋天，我們聘請一位律師，她是一位有特殊需求兒童的家長，也曾審閱過我們的申訴資料，她認為我們案子很容易贏。瑪麗珮特為了全天的安置，曾被一位不會手語的心理學家評量，彼此間無法溝通，在課堂上她無法與其他的孩子們互動。一週二天的下午，她的啟聰教育老師見不到她，且只有去育幼中心訪視過她一次，在一週之內她在小鎮的不同學校間被拋來拋去。

　　我們幾度長程駕車遠赴芝加哥去找這位律師談話，她開價昂貴，但我們認為如果要把我們的女兒安插到適當的學校中，財務上的花費是必需的；個人的理由上，我無法承受不知自己做的決定是否正確的壓力，而且我覺得我需要法律指引，來經歷申訴過程。

　　那天，沙倫伏麗根（Sharon Freagon），一個在我系上的同事，以及一對家有一位聽障礙孩子的家長加入我們聆聽十二小時累垮人的聽訟。我很少會回憶當日的景象，我不希望任何人有這樣的經驗——校方為了辯解我們的案件所花費的鉅額律師費用，足夠用來負擔下一學年度

聘請兩位啓聰老師的薪水。而那天聽証會快結束時，處
理申訴案的官員筋疲力竭，注意力無法集中；已懷孕的
速記員也一再要求休息。我們在第一回合中輸了，繼續
上訴到第二回合也輸了。於是我們決定搬家。我們賣掉
了房子，付清八千美金的律師費，並繼續度假。我們年
齡稍長的女兒們已厭煩於談及有關瑪麗珮特的申訴過程，
及整個情境所引起的壓力的話題。我的聲音有一年是沙
啞的，一年後當我們和比爾叔叔一起去爬蒙他拿（Montana）
山和泛舟時，我的聲音才恢復正常。

14 搬家

哥老德大學（Gallaudet University）和堪薩斯大學（University of Kansas）兩所大學都願意讓我去指導聾教育方案。我較喜歡堪薩斯城，且打電話給鄰近市郊學校的督導者，提及有關聾或重聽兒的教育事宜。我希望選擇一所學校，讓我們有管道去經歷連健聽兒童也視為理所當然的事：讓瑪麗珮特在我們家附近的學校上學。

我們買了一棟房子，距離鄰近一所收容十二位聽障生的學校只有三條街道遠。瑪麗珮特不必再搭車，可以和漢娜一起走路到學校去，我們也受到住在歐雷里我們新社區中成年聽障者的影響。

在我們把家搬到堪薩斯州的那一天，我帶女兒們去當地的游泳池。我在那裡不到五分鐘，就有三個不同的人走向我，他們一定看過我們一家人用手語交談，二位是健聽的啟聽教師，一位是成年聽障者。這對我而言有如置身天堂。我曾被告知在較大的堪薩斯市區，有一萬名聽障者；我們以前住過的依利諾小鎮，卻只有十位聽障兒與成人，我們的新朋友們開始告訴我，在我們的新社區中所有關於聽障的活動和資源。接下來的幾週，有

位消防部門的人員，在瑪麗珮特的床上裝置振動式的火災警示器（fire alarm）；另外一位人員也來我家幫我們連接燈光（譯註：指以燈光的閃爍告知聾人有訪客按門鈴）和電視字幕解碼器（captioner）（譯註：裝上此裝置，電視螢幕會出現字幕，讓聽語障人士了解口語訊息）；啟聰學校郵寄「親師通訊」給我們這新搬過來的父母，讓我們了解未來為聽障者與他們的家人所設計的活動消息。在擁有為數不少聾人的社區大學中，我們找出戲劇表演和演講。我們搬來幾週後就有「認識聾人週」（Deaf Awareness Week）的活動，那是可與聽障者聯絡的美好機會。我們家人受到無比的支持和歡迎，而且我們家的文化需求也獲得滿足。我瘦了十五磅！

　　在學校的第　個月中，我們邀請一些家庭和專業人員來我們家吃自助餐，令我們驚喜的是有四十五個人出席！新朋友們協助我們找出聽力學家的地址、何處出售便宜電池的資訊、休假照顧服務、電話轉接（telephone relay）（譯註：此法指接線生連結具有聾人文字電話的聾人或聽語障者和聽人朋友之間的溝通。聾人以文字電話打出訊息，接線生由電腦處收到訊息後，將其轉為聲音傳達給聽人朋友，聽人朋友回答的話語再由接線生轉換為文字，傳輸到聾人的文字電話螢幕。台灣的電信局也有聽語障轉接服務，方式稍有不同）訊息，以及免費的火災偵測器。我們甚至發現有人已幫我們把門鈴連接

到新廚房中的燈管配件，我們詢問他們一堆問題，並寫下他們所提供的好建議，這是成功的開始。

我們參加學校開學前一週的第一次會議。那是一場小型、管理良好及友善的會議。我們在會議中詢問我們的孩子未來要學會哪一種系統的手語？他們告訴我們學校使用精確英語手語，我舉起黃色 SEE II 手語字典去確認對方的反應。校內的語言治療師告訴我們她所使用的手語系統和啟聰教師與翻譯員所用的系統相同，我們全家人必須改變以前所使用的手勢英語系統（Singed English），但至少我們和我們的女兒在往後的七年，可以在家中和學校中一致地使用這一套系統，而這是我們在伊利諾州不能做到的事。我們又被告知，以前隔離式的聽障學前幼兒上午班，也將統合三位來自聽障家庭的健聽兒童，而且瑪麗珮特有整天的課可以上。肯特和我微笑著迎接一個即將展開的新生活。

15 主張

　　在伊利諾以及堪薩斯州時，肯特和我如同為家庭成員一樣，也為自己設立目標和期許，我們試著以合作、創新及友善的態度來對待學校團隊，然而我們發現在伊利諾州時，我們對瑪麗珮特的教育目標常無法被那些每日照顧她的老師們所體認。其他的父母們對我們保證，等她長大事情就會改善，我必須坦承那學校是有改善，但我們搬到堪薩斯州的舉動，是否多少影響到彼校的進步，不得而知。我們最重要的工作是栽培瑪麗珮特，在體系中為她爭取權益，別人不會做得比我們好——我們一方面試著被告知很多事情，一方面又要有禮地堅持自己的理想。我們盡量注意使她的個別化教育計畫目標被確實地執行，而且我們常與其他的父母們和成年聽障者交流，以獲取我們持續需要的支持。

　　雖然我們不是很快就為瑪麗珮特在堪薩斯的公立學校爭取權益，但我們在第一年就已解決了一些問題。我們關切鄰近的學校並未提供聾或重聽的學童和教職員火災警示器，我們也很訝異當地沒有手語班提供給家長學，我們定意去找校長討論這些問題。校長做事效率較慢，

但有執行此事，直至晚春，兩個問題都解決了。

我們考慮組織一個聽障兒童的家長團體，但由於在啓聰學校和堪薩斯市區已各有一個聽障協會，所以沒有必要成立家長團體。我們決定鼓勵其他的家庭和我們一同開車，大約開三十哩到堪薩斯市的郊區，每月定期會議。那兒提供照顧幼兒服務，結果只有一個家長接納建議。我們在車上趁機閒聊，一起腦力激盪來解決問題，她開始成爲我們第一個真正的朋友。

基本上，當我們搬到堪薩斯州的新環境時，我們的感覺如同所有的家長，我們希望我們的女兒成長至健全有爲的青年，能與她周圍的社會溝通無礙、結婚（如果她要的話）、並自給自足於社區中。她的特殊需要就是我們的需要，緊密織入我們自己的家庭結構中。我們希望瑪麗珮特長大成人以後，能夠認同我們昔日是如何地養育她、教育她，那是我們搬家後一學年中常在我腦海中所縈繞的想法。

16 人工電子耳

　　我們從伊利諾州搬到堪薩斯州的夏天，我帶著瑪麗珮特一起參加華盛頓特區一個貝爾（A.G. Bell）的學術研討會議。在研討會中的聯誼時刻，我們結識一群來自印地安那大學醫學院的同事。瑪麗珮特雖然是極重度的聽障，但她主動自信的談吐、優異的英語技巧、父母的積極、喜愛戴助聽器的形影，吸引著這群人；雖然如此，她所講的話仍是令人不解，即使她知道聲音可區分為喧噪和舒柔、揚長和短促，她的說話能力與聽覺能力仍然沒有很大的進展。

　　當瑪麗珮特四歲時，我們在另一個房間叫她的名字，她無法察覺，她也聽不見微波爐和吸塵器的聲音，只能模仿一些母音，我們憂慮她的言語發展，還好她擁有積極自信的人格特質，像其他學前兒童一樣獨立，我們開始在日常熟悉的語詞中，省略一些手勢。例如，我們對她說（以手語和口語）：「你要……」，然後只用口語說：「牛奶或果汁？」有時我們刻意遮住嘴，來觀察她能否理解我們不用手語只用口語的短句。有時她能猜出來，但只要她要求我們加入手語不要只用口語傳達時，

我們就會立刻照做。瑪麗珮特願意和我們玩玩說話和聽能遊戲，但是她的殘存聽力畢竟有限，她的口語很多仍令人無法理解，即使她的親友也聽不懂，她曾受過二年基本上相同的口語和聽能訓練。

我曾在研討會中對我的朋友提及有時我得追著瑪麗珮特才能獲得她的注意，此點令我疲憊不堪。我一直希望我們能試用一種振動式觸覺器，過去專家學者們反對這想法，因為她體型嬌小，儀器對她而言重了一些，而且事實上，她已經配戴個人助聽器，並在學校中使用FM調頻訓練器。你能在一個學齡前的小不點女孩身上放多少裝置？

一九九〇年的九月，在我們剛剛搬完家，且由研討會回來的不久，我們正忙著解開包裹的同時，電話鈴正好響起。一位在印地安那大學醫學院的教授——艾咪羅賓森（Amy Robbins），邀請我們參加一項研究計畫。瑪麗珮特那時已經四歲了，她將被那所大學醫學院的團隊成員評估，也許能夠成為戴七個頻道的振動式觸覺器的候選人。在美國國內只有八位兒童接受過這種新儀器，對我們來說，這似乎是很棒的機會，於是我們同意參加評量。

十月中，肯特、瑪麗珮特和我飛到印地安那州的印地安那波里市住了三天。自從二年以前我們在德州與她第一次會面以來，我們未曾花很多時間和我們的女兒獨處。我們把兩位健聽的孩子留給有能力經驗的假日保母

看顧，自己將此評量看做一種遠離工作的休假。瑪麗珮特接受印地安那波里市研究小組的各項測試，包括：各種說話、英語語言測試和聽能測驗，同時，我們也瀏覽了此型振動式觸覺器的有關研究。這個研究小組的研究目的，在比較兒童使用殘存聽力和個人助聽器、人工電子耳及新型七個頻道觸覺振動器之間的溝通能力差異。我們在這次訪談中被告知瑪麗珮特是人工電子耳植入術的最佳候選人，然而我們很少想到這個選擇，所以我們擱置它，熱心於觸覺振動器（Tact Aid VII）。

瑪麗珮特被戴上適合的振動輔具，我們開始密切注意她對聲音的感覺。此儀器穿起來像個胸罩橫跨她胸前，再穩定地與她腰上笨重的處理器相連結，我們很訝異這自負的小女孩竟甘願戴上這個裝置。返家後一吃完晚餐她就戴上，並戴著它睡著了，我們把它拆下來，為她換上衣服，再放她到床上。第二天早上瑪麗珮特就在我們飯店的房門口喊著，她以為有人拿走了她的新裝備，想立刻取回它，就在她戴上振動器以後，所有的問題立刻無影無蹤。

瑪麗珮特學著用這個觸覺助聽器來偵測聲音。三個月後，我們召喚她時，她能轉身來回應我們，這看來似乎是一小步的績效，對於任何一個曾經扶養過聽障兒童的人，都能了解我們心中的輕鬆感——我們想對瑪麗珮特說話時，我們不再需要追在她後面來引起她的注意。

我們把振動器系列弄成和她尺寸一樣小，讓她掛在胸前舒適地使用。當有時她外出走在路上時，我們覺得放心不少。

一月，她五歲時，我們帶著她到納布拉斯加州歐馬哈市的柏伊斯鎮國立研究醫院做口語鑑定。臨床醫師瑪麗珮特摩勒非常讚賞她的進展，以及她學校中口語和語言治療師使用的良好策略。然而事實仍然相同，瑪麗珮特的口語大多數仍令人無法理解。

四月，艾咪羅賓森遠從印地安那波里市來為瑪麗珮特所使用的觸覺輔助儀器重新評估。肯特和我決定面臨目標測試所證實的正面改變，將提供我們考慮改用人工電子耳的理由。我們絕沒想到瑪麗珮特毫無進展。受限於觸覺振動器的功能，她只能測到聲音而已，她察覺與理解聲音的能力和她去年十月起戴上兩個個人助聽器的能力差不多，並無很大的改變。測試之後，我們留心地查閱哈藍雷恩（Harlan Lane）有關他在全國聽障協會上對聽障者的立場和他反駁其意見的專文，我們由雷恩文章所列的印第安那研究團隊事宜，向艾咪索取一些相關資料。

雷恩博士既不是聽障者也不是聽障子女的父母，雷恩博士以艾咪的研究為基礎來回答我的問題。他證實人工電子耳植入手術應是我們身為瑪麗珮特的父母所要慎重考慮的。我本身是一個研究者，且在印地安那州追隨過瑪莉奧斯柏格（Mary Jo Osberge）博士一年多。我必須

根據研究的証據來做決定。第二天我打電話到我們社區中執行人工電子耳的機構，預約一個初步的諮詢。

春季的其他日子裡，人工電子耳的植入術、受保險問題以及瑪麗珮特自視為聽障者的影響，成為一個問題。同時我在哥老德大學聽過一位人工電子耳移植手術的聾婦人的故事。她不佩戴儀器去上班，因為她周遭的同事都是會比手語的人，但是，當她離開校園置身於聽人世界時，她認為這項裝置使她受用無窮。「哦！」我想故事中最讓我感動的事是在兩個世界中獲得最好的效果。我在三月也曾參加德州的聾文化（deaf culture）（譯註：指聾人特有的價值觀，包括尊重手語、使用手語溝通等）研討會，與成年聽障者談及人工電子耳的事。他們告訴我他們認為我不肯接受我女兒且聾的事實；他們問我為何一直試著去「修補」她的聽障。聽他們的一席話，對我而言是個挑戰，然而我仍未改變為瑪麗珮特做人工電子耳手術的想法。瑪麗珮特曾經是、將來也會是個聽障者，但並非所有的聽障者的聽力損失程度像瑪麗珮特一般嚴重。有位聽障婦女以流利的口語說出她的觀點，她說得比我們夢想瑪麗珮特擁的口語能力更好，肯特和我想栽培出一個雙語／雙文化（bilingual/biculture）（譯註：指同時能悠游於手語和英語之間的使用，以及同時能認同聾人文化與主流聽人文化）的女兒，她早已會比英語手語和美國手語。移植手術後會有怎樣的變化？

　　一週以後，我參加魁克教會的主日崇拜聚會，坐在椅子上默默地流淚。我因這項決定而受煎熬之苦，我痛苦了一段很長的時間。我對聽障了解得太多了！會後有一位醫生也是我們的朋友──莉底雅摩爾（Lydia Moore），為我做有益的類推分析：她解釋有些人做了人工臀骨的移植手術後，接受治療、運動，活得更好；她說但也有些人忽略了人工臀骨，他們的行為也沒多大的改變。我把這項類推分析解釋為：如果瑪麗珮特長大成人以後，憎恨我們曾經讓她做過人工電子耳移植手術時，她可以取掉這裝置，不再使用它，拿掉外在的麥克風和語言處理器，沒有人會知道她曾經移植過人工電子耳。

　　我們決定與已做過人工電子耳植入術的成年聽障者談談，再做決定。我得到二所醫院中滿意的和不滿意的人工電子耳植入術患者名單，然後我對每一位聽障者寄出基本信件，信中我請問他們人工電子耳植入術的最大優點與最大限制處，我也問他們如果讓他們再做一次選擇，他們願意接受人工電子耳嗎？還有我問他們如果身為聽障兒童的父母，會不會為他們的孩子們選擇人工電子耳植入手術，我得到大約二十四位聽障者的回答，他們的回答都非常肯定，重新來過的話，所有的這些聽障者還是選擇要做人工電子耳手術；也都會為他們的兒女做這個手術。

　　數個月以後，肯特、瑪麗珮特和我到當地一位聽障

教師家中訪問，他從小接受口語訓練，二年前植入人工電子耳，那是個頗有收穫的一晚。他歡迎我們所問的任何問題，我們問他關於外科手術的痛苦，手術後最初的聽覺能力，以及現在的聽覺能力。他讓我們看他的刀疤，讓瑪麗珮特碰觸它，瑪麗珮特也提出自己的問題，一想起他的故事，我的眼中再次熱淚盈眶，他告訴我們他第一次聽見他女兒的聲音，現在他可以聽飛鳥叫的聲音，他說二年之後他仍然學習著察覺各種精細的聲音。

　　大約一個星期之後，我們邀請一位聽障婦女和她兩個健聽的女兒跟我們一起用餐，那名單是一所強調提倡美國手語（ASL）（譯註：American Sign Language 的簡稱；指美國聾人間所使用的一種自然手語，其文法結構與英語不同；台灣類似的手語叫台灣手語）的啟聰學校給我們的。姑且不論她的人生哲學，她願意協助我們。這位婦人在她十八歲時曾動過單一頻道的人工電子耳外科移植手術，目前她剛換成二十二個頻道的人工電子耳。與她談話真有趣，她告訴我們兩個型式設計之間的不同，以前她只能聽到她兒女在說話，但現在她能區辨出她不同兒女的聲音。以前她只知道收音機被打開了，現在她能辨別音樂的種類。在會議中她使用這項裝置來協助她了解會議，何時開始和結束，以便她能認清狀況，適時提出自己的看法，也不會干擾會議的進行。她對這項裝置非常肯定，而她的裝置比瑪麗珮特現在所佩戴的小型

振動式觸覺振動器還小巧，最重要的是，這婦人所說的，和我所聽過的哥老德聾大學那位婦人的故事非常相似——當她在聽障者周圍時就取下這項裝置。由於這些變通的選擇性，令我喜愛人工電子耳的移植手術。

由於工作職務與忙碌的時刻表，使肯特無法與我一起去機構參加我們第一次的人工電子耳植入術諮詢。當我坐在會議室中，我感到有如全世界的重擔都壓在我的肩上，我多希望肯特能有足夠的病假和事假天數來陪我，更令我失望的是醫院成員不願在當日稍晚再安排一次會議，使我們父母都能一起參加，我們再一次請求全家人一起參與的觀點。

我們難以下決定，醫院放給我們看的錄影帶和資料太不科學了，他們宣稱每一位患者都能因此手術而受益，我由自己的調查中發現並非如此。在他們再次評量瑪麗珮特的情況後不久，我打電話給我在印地安那波里的朋友，由於他們誠懇、實證性的資訊，以及對我們特殊孩子的知識，我們決定安排人工電子耳手術。

在瑪麗珮特被准予動外科移植手術的前兩天，一個在我們社區頗受尊敬、高個子的聽障成人，表達他對我們所做的決定感到失望。他想知道瑪麗珮特是不是實驗室中的天竺鼠？我讓肯特獨自去簽手術同意書，上面記載手術可能失敗的責任事宜。我害怕、煩累、又精疲力盡。

我對瑪麗珮特即將面臨的手術恐懼不安，我的孩子

們沒有一個曾動過大型外科手術，但艾咪羅賓森告訴我們很多孩子們，例如受腦膜炎侵襲的人，曾接受這種侵入的醫療過程；對他們而言人工電子耳植入術似乎是簡單的手術，還有，那是選擇性的外科手術。手術三天前，保險公司的書面資料顯示，在我們付出我們最高的五百美金共同負擔金額後，他們會負擔所有的其他手術醫療費用。我們覺得我們省下了數以千計的美元，因為我們原本以為價值三萬美元的人工電子耳植入手術費用，我們必須負擔20%的費用（即六千美金）。

　　限於工作的壓力，在瑪麗珮特動手術時的那天早上，我照常上班，快中午時，我才去醫院和瑪麗珮特及肯特會合。她喜愛受到所有人的關注，我們曾經盡己所能告訴過她將會有什麼事情發生。我們以錄影機錄下她對我們說明她所了解的人工電子耳移植手術的一些片段。她有一個非常好的朋友麥可（Michael）也曾做過人工電子耳的手術，所以她看過麥可的裝置和他的手術疤痕，她信任我們為她的利益所做的決定。然後，我錄下她戴著手術帽在醫院病房中和麻醉師談話的情形，以及她被送入手術室的景象。

　　正在我們等待時，我們與另一對夫婦談話，他們的兒子艾迪（Eddie）也在那裡做人工電子耳手術。一位助理曾一度上來向我們報告手術進行得十分順利。時間過得很快，但等待令人痛苦，有幾次我想要阻止他們，告

訴他們我改變了我的主意。後來手術完成，醫院呼叫我們的名字，肯特用大手臂抱她走向病房，她的頭上還纏繞著一層又一層的繃帶。

當我們到達瑪麗珮特的病房時，我們欣然發現艾迪的病床在正對面，下午我們就彼此互訪，詢問孩子的狀況。瑪麗珮特約有三小時輕微的不舒服，坐起來、哀泣、身體往下滑，要冰、又推辭掉。我開始對她講些長篇故事如「三隻小豬」、「三隻金色的熊」等，直到她終於睡著為止。麻醉師過來告訴我們這兩個孩子的手術是多麼圓滿，和他談話使我們放心不少。我離開那裡回到家，帶卜莉絲和漢娜一起去吃晚餐；當晚我們原來預備要去看場電影，享受特別的樂趣，但我們臨時決定改去醫院探望瑪麗珮特。

何等美好的決定。我們一到醫院就受到艾迪的問安，他三歲，看起來愉快又靈活，在輪椅上嗡嗡地進進出出大廳中。在樓上我們發現瑪麗珮特仍然在睡覺，但當我們叫醒她並向她提起艾迪時，她也想坐輪椅出去玩。手術後才八小時，她又恢復了本性。我和其他的女兒們逗留了約一小時。桌上擺著堪薩斯州立啟聰學校的朋友們和麥可送來的花束。有一通來自我們家庭朋友的電話。我們留下肯特陪瑪麗珮特在醫院裡過一夜，她被要求留在醫院中，每一個人都睡得很好。

第二天早上，我步出電梯時，正好在走廊上碰到瑪

麗珮特的主治大夫，他很高興她的恢復表現，並說只要她準備好了，隨時可以回去。當我進入病房時，她和肯特正在打理她的東西。她已經三十六小時沒有進食，餓得要命，所以我們等她用完早點，然後一起走出醫院。我回去工作，直到中午，然後打電話問他們正在做什麼。哦！她好得很；事實上，她覺得很無聊。為了給肯特午睡的機會，我開車回家，帶她回去學校看看老師、同學們，每個人都很興奮能見到她——特別是麥可，用手語不斷地談論著他和她一樣頭髮剃掉一撮，和他對人工電子耳植入術的回憶。原本我們只做短暫的停留，但結果持續為兩小時，直到放學。學校的教職員是我們的朋友之一，我很高興他們支持的態度，並不會因為我們干擾他們的上課而不悅。手術結束了，我們心中釋然地放下大石，我們只想與人分享心中的感受，因為當天是國定紀念日的週末，瑪麗珮特得第三天才能上學，我們等著一個月之後接上體外儀器。

　　瑪麗珮特在一九九一年六月接上體外儀器，他們的電腦早已設計好二十二個頻道。我原以為當她第一次聽到聲音時我不會哭泣，因為我已看過其他孩子們的錄影帶情況，但我哭了。瑪麗珮特是如此興奮合作，是的，是的，的確她可以聽到那些聲音了。在家中她是人工電子耳的「海倫凱勒」，她到盥洗室先用水龍頭沖水，再到馬桶處，邊製造噪音邊笑，又隔了幾天，她可以聽到

電話鈴聲、門鈴聲以及在任何房間叫喚她的名字聲音。

六月時，肯特和其他的女孩帶她到印地安那波里市接受測試，她對評量的反應良好，她的說話與聽力的成績比起她以前的成績有戲劇性的神速進展。肯特學到很多關於聽能訓練的新資訊，並購買能發聲的玩具給她，人工電子耳的團隊成員授權提供他很多有關如何使用新的人工電子耳的事宜。一星期後，我們參加魁克教會在北卡羅來納的山區舉行的假期露營活動。在那幾個禮拜中我們釣魚，不用手語的交換簡短的對話。兩個禮拜後，我們去佛羅里達州讓她見見她的祖母貝提（Bette）。瑪麗珮特能不用手語和祖母談一些熟悉的話題，那是她和她的祖母間第一次真正的交談，值得照相留念的一刻！瑪麗珮特傾聽新的聲音，快樂地說出她以前學到辨認的東西名稱。她能夠比較清楚地說出卜莉絲和漢娜的名字；叫「媽媽」更是完美無缺。

我們熱切盼望秋季的開學，讓那些了解她的專業人員看看她在說話與聽力方面的改變。在準備帶她入學時，我帶她去做手術後的第一次聽力檢查，過去三年以來，我陪我女兒做過不少的聽力檢查，當她被測出能聽到十分貝的聲音時，我很驚訝。她似乎顯示平坦的四十五分貝的聽力損失，由低頻到高頻的八千赫茲（HZ）。我知道此意謂著她能察覺聲音，但她尚無法理解聲音。我向聽力師請求，能否打個電話給機構，看情況是否能有改

善。是的，已經被證實情況會更好。當我坐著傾聽這些
專業人員在電話中談話時，我試著消化這項資料，我對
人工電子耳植入術有一個全新、積極的態度和看法。

17 英語介入

　　直到二歲半時，瑪麗珮特才理解她所接觸的語言，為了追補她失去語言學習的時光，我們讓她沉浸在學校和家中的手語中，此外，我也開始勤讀文中有關「以文獻支持爲基礎」的語言介入策略。有些策略以聽障兒童做實徵性研究，所以我以直覺把它們和我家庭的需要結合，並加以實施，來看看這些策略是否可行。在我們擁有瑪麗珮特的前三年中，我們相當依賴一本評量手冊《語言發展課程：十二歲以下聽障學生的理解指南和記錄系統手冊》（*Developmental Language Curriculum*; Cheney, Compton, & Harder, 1988）。此手冊以六個月爲一個階段，將數以百計的英語字面技巧列出，又在書末的索引內增加形容詞、複動詞、片語的表達等等。我們會在書中選擇幾個適合的語言目標，將之融入我們的生活中。當我們看到女孩們了解或使用這些語言目標時，我們會引以爲榮，然後再設定新的語言目標。依據這個方法，我們的語言環境總比瑪麗珮特的語言程度稍微困難一些。我們搬來堪薩斯州以後，學前幼兒教師就緊密地配合我，與我合作實施此過程；很多語言目標後來成爲瑪麗珮特個別化教育

計畫（IEP）的目標之一。

　　我們從不讓瑪麗珮特機械地練習語言型態，而是為她選擇語言目標。舉例來說，如果語言目標是使用連接詞「和」，我們就須在日常活動中儘可能地多多使用「和」。早上當瑪麗珮特正在更衣時，我會比「穿上妳的鞋子『和』襪子」。或者當她在裝午餐盒時，說「妳要花生醬『和』果醬，或是只要花生醬就好呢？」

　　從一開始我們就期待瑪麗珮特成為一個溝通者，如果我們問個問題，我們期待得到回答；如果我們得不到回答，我們會使用「是」或「不是」來做提示。當瑪麗珮特來和我們住在一起時，我們使用手語來配合她的非語言溝通；此外，我們假裝不了解她，直到她會使用語言來和我們溝通。至少有一年之久，我督導其他的家人，痛苦地期待瑪麗珮特除了會使用比手劃腳、恐嚇的眼神、戲劇化的滑稽動作外，還要會使用手語。第一年結束時，她已能夠掌握會話的主題，且能轉移幾個話題。她的對話包括很長的一串姿勢，混合了手勢與臉部表情。哪天她說不定可贏得國立聲劇院的一個角色，她常使我們忍不住發笑，但我們相信她有溝通的能力，而她也逐漸了解她能以所知的語言來分享，並從中得到快樂和力量。

　　在我們家我們從不很快地解決一個問題、太快得到想要的東西或太肯定地答應一個要求。有時，我們在一個活動或在上菜時會故意忽略瑪麗珮特的一份，或「忘

記」一個遊戲的規則，或假裝不擅長使用一個器皿或工具，在這些場合下，使她有機會來使用她已習得的語言，感覺她在家中有控制權與驕傲，並擴展她的會話技巧。有時候你幾乎可以看到她在想著如何比出手勢或如何把手語和口語配合在一起，後來，我們也觀察到當瑪麗珮特試著小心地構音時，她也有相同的需求。我們家人常常互相提醒：「等一等、等一等、讓她試試看，給她機會。」在我們忙碌的生活中，我們有一個意識的決定，那就是讓語言學習成為第一優先順序。是的，對我而言，建立一個適合其年齡的語言基礎，是我為瑪麗珮特所設立的第一要務。

我讀過若我們成人語言使用者會利用特別的語言策略，我們可以加速我們女兒的英語語言的獲得。其中一個策略是，要將自己前一句話語中的一部分重複使用。我可能說：「『放在這邊』，瑪麗珮特，放在另一個的『旁』邊。」假如她不了解『旁邊』這個詞，我就重複一部分：「放在這裡，放在柳丁的『另一邊』，這就對了，就在這『旁邊』。是的，你做到了，『旁邊』。」我們也鼓勵瑪麗珮特模仿我們的話語。我所讀的文獻並未支持此點，但當我看到她能記住長長的語詞，並複述一遍時，心中無限滿足。她所模仿的部分，最後被融入會話之中，看不出人為模仿的痕跡。

卜莉絲、肯特和我都成為將瑪麗特所說的口語和手

語內容加以擴充的專家，假如她要「牛奶」，我們會澄清：「哦！妳要牛奶？」假如當我在包她的午餐盒時，瑪麗珮特說「我要一根香蕉」，我會擴充（expand）內容，「哦！想要吃這最後一根香蕉當午餐嗎？」因為我們經常地複習《口語發展的課程》這本書，所以我常能將她語言中剛學會的語詞融入日常生活的教學目標中。

　　打從一開始，我們就設立簡單的家庭例行工作。首先我們把家中的每一件東西用標籤貼上名稱，我們希望瑪麗珮特能夠用名詞來造一些簡單的句子；「我要麥片粥」、「我要牛奶」是早期的例子。我們使用這種模式，或把它們合併在我們對話中的一半句子中，直到瑪麗珮特會適當地使用它們。後來我們要求她說出麥片粥的種類，並且在麥片粥和巧克力牛奶間，讓她來做一個選擇。當我們要教她彩色的的字詞時，我切記家中存有幾個引人注目的杯子。之後，我問她要塑膠湯匙、鐵湯匙、紙杯或鋁杯。一遍又一遍地練習，直到瑪麗珮特理解到她能控制語言。在刷牙、包午餐盒、換衣服、上廁所及做同樣的差事時，我們都是依此相同的原則來建立語言能力。

　　到瑪麗珮特上了一年級時，我非常意志堅決地「不」改變她所和我溝通的方式。那就是，我故意使用修飾豐富的表達和深奧的字，我們開始用指拼的方法拼了很多的字，而且總是打開電視的字幕解碼器。

18 移植手術後的變化

　　瑪麗珮特對聲音的理解隨著她的聽力而改善。她可以聽到姐姐們的耳語、微波爐的鈴聲、電冰箱的嘈雜聲。十月的某一天，漢娜和我坐在汽車前座比著簡單的手語歌，瑪麗珮特在後座就認出來了，我嚇了一大跳。而下一週開始，在車內唱歌成為我們上學途中的例行公事。我們第一次如此做時，瑪麗珮特正確無誤地認出三首歌中的一首，第二天她認出四首歌，第三天五首歌！我們開始教她許多不同的兒童新歌謠，及不能以手勢比出的字彙，我們擴大了她的兒童文化的領域。不久她使用語音法的方式來閱讀，唸出字詞，此舉對那時正在上幼稚園的她是很重要的。我坐在她身旁的躺椅上可以不用手語而直接對她讀故事。只要我知道主題，我幾乎能完全了解她對我說的每一件事情；一個全然不同的另一個世界正在向她開放著。有一天她突然對我說：「我愛我是聽障者，我也愛我的人工電子耳。」數月以前，我們發現這兩個敘述彼此矛盾，但現在我知道我的女兒同時學得英語和美國手語，也同時擁有聾友和健聽的朋友們，她可以又是一位聽障者但又能善用她的聽力與說話能力。

　　十二月，我們為了重新評估瑪麗珮特的口語技巧而到歐馬哈一趟。在她裝上人工電子耳之後，已歷經六個月了，但我們對她口語的改變感覺太主觀了，我們認為她的口語已經改善了，但我們希望能有客觀的測驗來證實此點，而且能讓我們找出她說話訓練的優先順序。那天所測試的一些結果如下：

❖ 瑪麗珮特以前會遺漏尾部子音，但她現在說單字時幾乎很少如此。

❖ 一月份觀察到她有減少子音的情形，如今幾乎很少如此。

❖ 單字的說話清晰度顯著增加。

❖ 她會話性的口語對不熟悉的聽者而言，仍舊難以理解。

❖ 看瑪麗珮特裝上人工電子耳的進展是令人振奮的，而且當旁邊有一位說話示範者時，她能自我校正發音。

19 瑪麗珮特上幼稚園

　　瑪麗珮特被整合在大約有二十個健聽兒童的幼稚園中；她是唯一的聽障者。她有一位具彈性、積極、創造性的一般幼教老師——羅斯（Ross）太太。她以前曾帶過聽障兒，且曾與手語翻譯員（interpreter）（譯註：指啟聰教育中的一種支持服務系統；通常由政府出錢聘請具有執照的手語翻譯員，來協助使用手語卻回歸至普通學校的聾生）共事過。肯特和我曾在秋季時觀察過教學的情況，直到來年春天時，我們再去幼稚園觀察孩子的學習狀況。

　　我們的校長曾在去年的春天告訴手語翻譯員，如果他們不願意使用英文式的文法手語，他就沒有意願在下學年度時再聘請他們。基於這個理由，校方的手語翻譯員減少了幾位。身為父母的我們很感激學校規定教師口語手語必須一致的努力，但我們也很關切由於手語翻譯員的短缺，使瑪麗珮特無法理解她身邊所有的對話和老師的話。有得必有失，我們需要忍耐。瑪麗珮特的翻譯員以前一直是半專業的幼稚園手譯員。那年夏天她參加了二個星期的密集手語研習會；雖然她的手語並不專業

也不流暢，但她願使用英文式的手語，且持續地查閱手語字典，非常樂意且有動機學習。也在這一年，行政單位支持翻譯員的手語技巧評量，所有的翻譯員都要參加。這是積極的一步，如今也有少數學校已如此做。

　　一個諮詢委員會也在瑪麗珮特就讀幼稚園時成立，它的成員包括聾社區裡的聽障者、其他方案的家長、我們方案中的家長、老師和手語翻譯員等。此校內的聾及重聽兒童方案有不同的優點與需求被反映出來。我們仍然緊張地在那兒觀察著，但我們開始了解我們根本不必煩憂。我們團隊工作中的成員誠實地表達他們對某一主題的知識，渴望嘗試新觀點和新教材，而且總是願意出席會議以獲得新洞見等等。我們的團隊成員不再讓我們寢食難安；而當我們想和成員討論一個需求時，我們不必等到年度會議召開的時段。

　　肯特和我常常輪流參加這個會議，這象徵著我們信賴那些每天照顧瑪麗珮特七小時的人。瑪麗珮特的需求與漢娜的需求糾纏在一起，兩人都有額外的擁抱和保證；卜莉絲需要特別的權利；我需要更多安靜的時間等等。所有孩子們的特別需求變成我們的需求，緊緊織入我們的家庭結構。

20 對六歲大的孩子打手語

我們做父母的接受一個挑戰，繼續介紹瑪麗珮特新的單字和使用真正的英語來表達，不受限於我們自己所知道的那些手勢。我們開始在電腦資料庫裡記錄下自己發明常見食物的手勢，如「Chex 麥片」和「雞塊」、社區中的地點、家庭用品如像「擦菜板、磨碎機」和「清潔劑」、衣著像「縫捲」和「褲腳的反摺」等等。還有一些表演和告訴的主題，像：「Teenage Mutant Ninja Turtles」。姐姐們就負責教她們的妹妹「孩童文化辭彙和表達」中的術語如「（俚）無用的人（nerd）」和「（俚）傻瓜、笨蛋（dork）」，以及電視劇名和主角的名字。她學校的老師也是類似地進行基礎讀物和單元字詞教學。我們一起成為團隊成員，彼此分享並記錄下來。我們持續把這些新手勢單字表存在我們的「精確英語手語」字典中。

我們也要求瑪麗珮特教我們她在學校所使用的手語。在討論到熱食午餐時，我會問關於這類的問題：「妳在學校怎麼比漢堡的圓形狀麵包？」對聽障兒的父母而言，這是個奇怪的狀況：要求孩子有責任去回答一些問題，

給予訊息，而這些問題對其他聽障兒童來說是很奇特的。而當我們偶爾檢視瑪麗珮特是想去上啓聽學校或想戴調頻助聽器時，我也同樣感到不安。其他六歲大的聽障兒童會做這種決定嗎？對她的回答我們有多少把握？嗯……。

21 初期的讀寫能力

　　大約就在那時，我們把錄放影機安裝在瑪麗珮特的房間，允許她在睡前看錄影帶故事。多年來我們一直允許我們年長的健聽女兒們在就寢前聽錄音帶，所以我們認為類似的活動適合瑪麗珮特。我們找到一些用手勢英語（Signed English）的錄影帶，但找不到用精確英語手語的錄影帶，我們只好自己動手做了些錄影帶也買了一些其他的影帶。

　　由於我曾與哥老德大學一起做過研究，我了解用來解碼閱讀材料的環境印刷體（environment print）非常重要。我們常導引瑪麗珮特去注意 T 恤、食物，包括指示板上的字母和數字。到伊利諾州時，一家當地餐飲業的老闆羅伊（Louie）讓我們發明兒童菜單的新譯版，就是在食品的字體旁加上手勢。然後，當健聽和聽障兩方年輕的客人等著他們所點的菜時，他們就可以在國王路（Kings Way）餐廳中學到漢堡和法式煎餅的手語。五年以後這菜單仍在使用中。

　　所有這些閱讀、手語和會話的報償很明顯。瑪麗珮特會又說又比地使用長而複雜的句子：「我流鼻水了。」

「我踏上一步階梯。」「我的檸檬汁掉在地上了。」在四歲時她會這樣說：「我問老師是否我可以成爲班上的芭蕾舞者？」某些專家們把她的語言表現歸因於她的智力、早期發現（二歲半算早期？）以及殘存聽力（直到五歲爲止她的聽力損失都是極重度），令人沮喪。此點抹煞了我們全家共同的努力。我們相信瑪麗珮特讀寫能力的進展，是因爲我們用手語比給她看，就像健聽父母對健聽孩子說話一樣；英語的文法和句法是可及的。而且我們家充滿了書籍、電腦以及匆忙中用便條紙寫的食品雜貨字條和待辦事項。她用精確手勢，以手勢標記（marker）打出所有格的-s、-y、過去式句型，和-ist（牙醫「師」），非常一致。這些手勢標記被列入她的個別化教育計畫的短期目標中；此外在她所處環境中的成人們也試著一致地示範這些標記的用法。

　　在那時瑪麗珮特每天使用電腦工作，幾乎不輸家中任何人。她喜歡使用一個叫Muppetville的軟體（我們比M來代表此小鎮名）。她自己會由電腦螢幕的功能表中選擇和操作一些軟體。她也喜歡使用蘋果牌電腦的滑鼠繪圖軟體，讓她能用滑鼠器來畫圖和清除。她每天能花十五分至三十分的時間獨自玩電腦。有一天，一位鄰居朋友艾倫來和她一起玩電腦，他學到了一些手勢片語，例如「繼續、輪到我了、停」。卜莉絲使用大量的電腦軟體評估瑪麗珮特，最後她寫出一篇文章，描寫她的工作；

她是共同作者。此篇文章刊登於一九九二年的《聽障教育觀點》雜誌，提出一打電腦軟體的優點和弱點。

聾文化

　　當瑪麗珮特第一次在歐雷里鎮入學時，我們並沒有立刻安排她進入我們社區裡的啟聰學校。我曾經帶著瑪麗珮特兩度參觀那裡，一次在那裡吃晚餐，一次是當我們第一次搬家時參加那裡的聯誼活動。當我們安定下來之後，我們要瑪麗珮特一星期兩個下午在啟聰學校度過，並在那兒吃晚餐。我們重視她在校內和其他聾童和聾成人的接觸，我們認為她已準備好學習概念化的手語。

　　第一年，我們很難讓她承認啟聰學校是值得花些時間消磨的好地方。但隨後幾年，她似乎更適應了，並開始交朋友，我們也開始更放心地走過宿舍的大門，與教職員閒聊，談著我們的孩子與在校內的其他聽障孩子們；我們認為啟聰學校是我們社區中有價值的一項資源。偶爾召開的親師會議，一年一度的家庭週末會議、寒假方案以及類似活動，成為我們家中的例行事項。漢娜那時是國小三年級，在參加這些活動時嚷著：「啊！我真希望我是聾人！」

　　在堪薩斯州，要和聾成人建立深厚的關係，不如一般人想像中容易。回溯以往伊利諾州我們住過的小鎮住

了幾位聾市民，我們找來當地鄉下社區中的聾童和聾成人每月安排聯誼聚會，與他們一起外出吃飯、打保齡球、野餐和慶生會。這些聾夫婦中有一對年齡稍長；我們開始視他們為瑪麗珮特的養父母。有一對崔雅格（Treoger）夫婦在我們依法正式收養瑪麗珮特那天，陪著我們，像一家人，他們也曾帶著她參加鄰近城鎮的聾人社交活動。我們家人參與活動所付出的時間，在參加這些社交聚會時，得到溫暖和尊重的充足回報。

在堪薩斯州，當瑪麗珮特上學時，此校採反回歸，她班上有些同學是聾父母所生下的健聽兒童，因此我們有機會在週末時和這些聾家庭成員社交。我們有些共同點：當我們送小孩去玩或接回小孩時，我們和孩子之間都會互相閒聊。有時我們也會邀請聾成人來家裡吃飯。通常這些受邀對象是年輕的大學生或剛由大學畢業的聾人。每個人似乎都很快樂。聊著孩子們，談論著收養聽障兒童的事，他們也幫我們找出使用聽覺輔具更好的方式等等。雖然我們發現這些聯誼的活動有點難安排，我們仍會老實地告訴聾成人我們的目標，是希望讓孩子能與他們交誼。

這直接坦白的態度似乎奏效，因為我們所邀請來家中的聾成人，會在晚餐前用相當的時刻與我們的孩子們相處。尋找機會來真誠地與聾成人社交，仍然挑戰著我們一家。我們曾建議啟聰學校禮拜六早上為聽人與聾人

家庭舉辦說故事時間、聾俱樂部中舉辦家庭之夜，以及在社區中讓聾人家庭收養聽人家庭。上述的特別創意對子，至今尚未實現。

23 藝術

　　我們在堪薩斯州安頓下來以後，大女兒們找到山葉小提琴的教師。那是我們還在伊利諾州時的家中慣例。由於我們剛到堪薩斯州，所以花了一些時間找老師，但我們歡迎這個活動帶給我們生活中的一致性。山葉小提琴包含私人課程、團體演奏以及在家中與父母的個人時間。這種方法使肯特和我有足夠的特別時間和健聽女兒們在一起。雖然卜莉絲現在已是堪薩斯市內少年交響樂團的一員，她已由過去極度需要我們的情境中逐漸蛻變成長。

　　雖然我們認為那是我們每天預定的重要活動，我們也體會到瑪麗珮特長大以後也需要有一些創造性的藝術修養。她一直想要購買一個塑膠小提琴玩具。她表達需要有一些屬於自己的特別活動。我們曾在以前參觀芭蕾課、空手道班、文藝班，最後替她選定體操課。雖然她比我們的健聽孩子早參加放學後的課外活動，我們認為擁有一些戶外活動對她而言很重要；她可以用藝術的型態來發揮她的體力。在她上國小四年級時，我們為她加選了爵士樂班。

　　我們期望家人在每件事上都要用手語對瑪麗珮特說話，此點全家人不曾有過怨言。如果大女兒們倦怠或不舒服時，我們會以不明顯的方式為她們翻譯出來，也就是當她們對我們說話時，我們會開始加上手語。通常在這種場合下，只要我們開始翻譯，她們就會立刻舉起手來繼續為自己翻譯。在卜莉絲十二歲時，其他聾童的父母們聘她為運動會的手語翻譯，酬勞比替人看小孩高！卜莉絲在學校裡翻譯校內公告、午餐的會話，以及將唱給堪薩斯啓聰學校國中部就讀的朋友的歌詞轉譯為手語歌。同一年卜莉絲在一項國內婦女音樂會為瑪麗珮特做一整個週末的翻譯。她謙卑地體認到一整天翻譯工作的不易，但看見瑪麗珮特還能記得那個週末的資訊，使她頗引以為榮。

　　雖然我們家中的每一個人能用手語比出大部分所要說的話，但很明顯地，肯特和我也有不能翻譯的時刻。也許我們是忙著做點心，或我們的手忙著將碗碟放入洗碗槽，或我們準備要去學校在包午餐盒。那時我會叫漢娜轉達，她翻譯得很輕鬆，也許因為她了解我實在需要

她的協助。我們可能正拿著食品雜貨走向車廂；我會喊叫卜莉絲要她告訴瑪麗颯特靠近姊姊一起走過停車場。或者我們在服裝店的走廊走著，這些孩子們走在我的前方或後面，不能看到我的公事包或教科書，但她們的手空閒著可以比手語。我們認為在那些家庭情境下，女兒們願意翻譯是應該的。我們期待她們如此做，以口頭讚美報償他們。無論在哪一種情況下，只要有需要，這兩位健聽女兒總是接受家中的工作，做潛在的手語翻譯者。

自從參加一九八九年哥老德大學舉辦的「聾人的方式」回來以後，我們都同意把我們所說的每一件事用手語比出來在廚房內——我們家中的熱門地帶。每一年我們都曾計劃把這項規則擴增到另一個房間，直到我們涵蓋家中的每一個地方，但這計畫尚未實現過。原本我們計劃只在廚房比手語，是為了給健聽的女兒一些彈性，以及當她們太專注於打手語時，有時也需要休息。特別是漢娜，在她五歲至十歲時，會在對話中不告而別暫時走出廚房。我們認為這點對我們家的年幼成員很重要，我們家雖是一個整體，但當我們聽人成員忙碌、疲乏、生氣時，我們無法好好比出手語；然而我們試著去示範這些情緒，儘可能地多，如同一般人一樣，如此各種情緒才有宣洩的管道。

 **完整的英語手語**

　　身爲家長和教育工作者，我要感謝歐雷里的行政單位，他們偶爾出錢爲社區人士開設一連串的夜間手語班，有興趣的市民會去上課。在一九九二年春天，手語課被安排在國小學校的所有正式科目之中，那所學校約有十二位聾或重聽的兒童，那意味著這些孩子們能更容易與他人社交，因爲他們有溝通的管道。他們不像上一代，這些學生生長在新世代，在有翻譯電視字幕的環境中成長，而且他們的家人和朋友們不認爲打手語有什麼不好。

　　我也很高興歐雷里公立學校對聾教育方案提出手語系統的政策。在我們遷入歐雷里學校之前，此校已執行手語政策至少三年之久，這也是我們爲何選擇遷入此學區的主要原因。行政人員選擇精確英語手語，因爲他們相信此模式將使教師與家長更清楚地教導年幼聽障者如何閱讀、說話及寫作。行政人員相信精確英語手語（SEE II）能帶給聾生英文的基本基礎，而聾生可以去堪薩斯州立啓聰學校學習美國手語（ASL）。

　　那時我們尚未精熟英語手語，目前也尚未如此。但在我的研究中證明，當一群聾童接受完整又一致的手語

時，他們的閱讀與英文技巧的分數明顯高出另一群接受教師觀念性手語（指美國手語 ASL）的聾童許多。這項研究在四年之間重複了幾次，只是在研究法上有一點點的改變，都顯示當聾童了解精確英語手語系統、口手標音法（Cued Speech）（譯註：一種輔助讀話的音標手勢系統；有四個方位，八個手形），或口頭英語時，這三種方法都同樣成功。並沒有研究支持聾童須「先學習概念」的看法。聾童和聽童同樣聰明，如果當他們語言發展時，英語是他們所看到的與所接觸到的，他們就有能力學習字面的（literal）英語。

然而聾童既學不到美國自然手語（ASL）也學不到英語，除非他們有機會看到英語和美國自然手語完整、可理解和一致地被人使用。手勢英語（Signed English）或洋涇濱手勢英語（接觸性手語）在教室外可能有被使用的合理理由，但並沒有實證性的研究顯示當兒童沉浸在上述兩種（既不代表 ASL 又不代表英語）的模式中能獲得成熟的美國手語或英語。

在下學期時，我們社區內對公立學校聽障教育使用精確英語手語有所質疑。幾位堪薩斯州立啓聰學校的老師對公立學校系統的行政人員選擇使用精確英語手語很不高興——對成人聾者而言，使用精確英語手語代表拒絕他們的聾文化。春季會議中有不同的人對此主題發表不同的觀點，最後，成立一個諮詢委員會，以使討論能

持續，創新的手語可以和聾成人討論，而被聾社區所認為冒犯的手勢必須加以改變。

在這段討論期間，我在歐雷里學校身為聽障兒的家長，但同時又是堪薩斯城的專業人員，頗為兩難。我參加關於手語的大部分會議，直到夏天我忙著其他事情抽不出時間為止。在這段時間我寫了封情詞懇切的信給歐雷里市的報社編輯，我在信內說明，美國手語最重要的一點是它是可理解、完整且一致的語言，如英語一樣有其聲名地位。我認為精通美國手語的成年聾者和在學校中工作聾成人生下的健聽孩子們，應被允許使用美國手語和聾童溝通，他們已被壓抑太久了，美國手語是他們的語言，他們有權利在學校內使用自己的語言，並且在社區內的手語翻譯場合中使用美國手語。我說明我相信美國手語不會像有些成年聾者所恐懼的，它永不會消失。自第一位聾者在美國生活以來，它一直存在，且在口語派盛行時代下存活至今，我相信它會留存到永遠，但是我也說明聾童沒有理由不能同時學習美國和英語手語。事實上，很多在社區中的聾公民具有雙語能力，同時會比美國手語和英語文法手語。從我的工作中我知道很多聾童任一種語言都沒有學好，因此他們的閱讀能力也不好，因為這些聾童持續地被教導在一個既非純正的美國手語也非完整英語的手語系統中。我在信上提出三種學習雙語的模式：(1)同時從成人學習二者，有些人使用其

中一種語言的完整形式，有些人則使用另一種語言的一個完整形式；(2)先學習美國手語再學習英語；以及(3)先學習英語之後再學習美國手語。在我們學校的聾童會從他們的教師或家長學得英語，這點是可理解的，因為他們來自健聽的家庭，父母和兄弟姊妹在家中打的是英語文法手語，他們可以在放學後去堪薩斯啟聰學校學習美國手語，或是長大之後再去學習美國手語。

堪薩斯州春季的手語討論會議，在結束之後發生很多積極正面的事情，一年後成立了董事會，手語爭論歸於平靜。堪薩斯州的公立學校尊重精確英語手語，而啟聰學校則忙著增加美國手語的使用。學童們在兩種學校內受教，有的案例是，孩子在一種方案（如：公立學校）下學習半天；在另一種方案（如：啟聰學校）下也學習半天。在我們的社區內，啟聰學校被視為一個豐富的資源，因為它提供健聽家庭中的聾童很多學習的機會。

26 短期看護

我們家長期以來都聘請短期看護，雖然我們是中產階級的人，我們付不出能為瑪麗珮特好好翻譯的臨時保母，而很不幸地，托兒所期望我們付兩種費用：兒童看護費和翻譯費。在伊利諾州時，我們參加過很棒的短期看護系統，讓我們每月數小時，可請個會打手語的大學生來看護我們的孩子。在堪薩斯州中也有相似的方案，使我們家庭受益無窮。當我們需要每年一或兩次在週末時出遠門，或單獨的休假時間時，我們依賴會適當的保健技術及基本的手語翻譯知識的大學生來照顧我們的孩子們。之後，當我們必須在週末離家去調查其他聾童被收養的情況時，我們感謝這些可資利用的短期看護服務。

另一個收養後的服務，在使用時頗有幫助的就是瑪麗珮特的醫療卡，它可以代付眼鏡、耳模、助聽器、電池等費用。我們在瑪麗珮特每年一次需要換新眼鏡和每六個月換一次新耳模時，會用到這張卡。我們鼓勵其他家庭去調查他們可以利用的支持福利，任何使用此卡而省下的費用，無疑地將被我們用來給付翻譯員。

交朋友

　　瑪麗珮特上幼稚園那年的下學期前,她似乎不曾有真正的健聽朋友。肯特和我對這事十分關注,她每個週末都和她國小二年級的聾朋友麥可玩數小時,然而,沒有健聽的兒童邀請她一起去玩。

　　我們在伊利諾州時,曾經有過朋友試著要跟我們新來的聾女兒學手語的經驗。有時朋友參加社區中專爲成人和學生所開的手語課。爲了其他人的需求,我們策劃製作一卷家庭錄影帶,內容爲基本生活用語的手語,並流通推廣錄影帶於鄰居中。我們也捐出大量關於聾和溝通的書和錄影帶給我們在伊利諾州和堪薩斯州二家當地的圖書館。感謝我們的社區人士願意學手語,並且繼續尋找各種方法,使手語成爲社區的一部分。在堪薩斯州中,我們發現自己比較不熱中於教手語班,事實上無此必要,因爲當地已提供很多的手語研習。

　　我們發現這些跟瑪麗珮特比手語的孩子們,都是和她一起上招收聽障生的公立學校的小孩子。這些孩子們很自然地已學過手語,他們特別有興趣與聾童溝通。在瑪麗珮特上的托兒所和幼稚園班級中,有些小孩會走過

來向我女兒揮手，我們認為那是很快就會學習手語的兒童之先兆特質；其他的孩子們就沒啥興趣，即使他們處於豐富的手語環境下，打手語讓他們不舒服。在我們家鄉學校中，只要有聾童就讀的班級中，我們留意到一定會有某些學童特別喜歡手語，因為他們特別專注地看翻譯員，也真誠地享受與班級內聾童的友誼。

　　然而，瑪麗珮特進入幼稚園的那年，她從未被邀請過去她健聽朋友的家中玩，此點讓我們關切。當我們邀請他們過來時，他們和我們的女兒玩得很好（我們驚訝他們之間竟能溝通），但他們從不曾回邀瑪麗珮特到他們家去。我們再到學校中觀察，然後去找教導我們女兒的教職員，我們公開地表示我們極關切女兒在學校幾乎沒有真正的健聽朋友們。讓我們放心的是，團隊成員並未忽略我們誠心的關切，只是嚴謹地處理此事。幾天以後，一位幼稚園老師羅絲太太，寫了一封短束給我，表達她相同的願望——希望瑪麗珮特發展真正的友誼，令我感動。這群團隊成員一起合作在學校的社交時間，改變以往翻譯員的方式，此實驗持續到學年結束。

　　在我們春季的會議中，我們要求校長在下一學年將喜歡和瑪麗珮特做朋友的不同孩子們編在同班級中，由於一年級的教室可能會有二或三班，我們認為召集特別的孩子們來加入，可能有利於瑪麗珮特在校內的進展；此外，我們也知道不久將上四年級的漢娜，是個可以利

用的資源卻未被使用，因為她會比手語，與她同年級的聾童被分在不同的班級，我們要求他們在下學年時應該編在同班受教。

我們也從哥老得大學出版社購買十多本能吸引像瑪麗珮特年紀的兒童閱讀的書，這些書的主題為：手語、代聽犬（hearing dogs）（譯註：一種受過特別訓練來幫助聾人聽外界聲音的狗，例如：電話鈴聲、門鈴聲、警鈴聲等）、父母是聽人、助聽器的使用，以及聽障生在公立學校就讀的感受等。我們認為成人應讀這些書給孩子聽，孩子也應拿到這些書自己讀。幼稚園的教師非常配合這個看法，當孩子們使用過這些書以後，她會把書籍寄回，好讓我們在下一年能再流通使用。

當瑪麗珮特上國小一年級時，她班上的導師邀請我對班上其他十二個孩子的家長簡述她的社交需求，我們接受了邀請。我們在週末邀請健聽的小孩們來我們家玩，那一年瑪麗珮特的慶生會中的賀客全是健聽的孩子。學校的教職員仍繼續為我們所關心的事而努力。語言治療師建議瑪麗珮特一週邀請一位健聽的朋友來參加說話訓練，孩子們喜歡這個點子。啓聰教育的老師看見瑪麗珮特和她班上的健聽同學形成小團體在享受「小組時間」，就改變她的活動，以便讓健聽的孩子們能對瑪麗珮特比更多的手語。我們在家中已和瑪麗珮特討論過如何結交朋友和保持友誼的策略。在她快上國小四年級時，我們

再也不必爲她操心友誼的事情了。

 瑪西

　　當生活中的諸事開始安頓好之後，我們恢復領養第二個聾童的熱誠。事實上早在我們收養瑪麗珮特之後不久，我們就體會到不論我們手語打得多棒，我們家中仍然是滿屋子的健聽者，以健聽者的態度和信念活著；我們也不曾被收養過。我們必須平衡我們的家庭到某種程度。我們曾斷續花了大約四年的時間尋找第二個聾童，第二次的領養不比第一次容易，有時我以短箋投書專業的雜誌，有時我會與社會服務機構交涉，那會加速收養的申請速度。

　　到一九九一年秋天前夕，我們已審慎地看過四位聾童。首先允許我們的是一個來自佛羅里達州的聾嬰兒，然而，當我們要去做第一次的拜訪時，社會機構通知我們助養的家庭決定要留下這孩子。他們用郵寄的信退回我們的支票，沒有電話聯絡或是任何解釋。我打開信，支票掉了出來，然後我坐下來哭泣。之後我打電話給我媽媽，她很準確地表達我的感受，「那就好像妳流產了一樣。」我等著肯特和女孩們從學校回家。每個人都哭了，一整天我們都在談我們失去的小弟弟。

　　下一次來自賓西法尼亞州的一對雙胞胎，三歲大、聾、連帶有心臟問題。我們改變那年暑假的計畫，花了一千二百元的美金在訂飛機票、住宿飯店和租車子去拜訪這些兒童，結果在我們初訪時只發現到那對雙胞胎附帶有更多的問題。這位處理我們案子的年輕社工員顯然未對我們正確報導孩子的狀況。我們在花費金錢、時間以及精力後，全然絕望地離開賓西法尼亞州，那些錢其實可以用在我們家庭預算中其他亟需要的地方。最後，我們找到的是一位來自韓國的盲聾小男孩。機構希望在這孩子身上求取一筆大量的錢，不顧我們若照顧他時至少要為他的一眼動手術的事實。我們慎重地考慮這個案例，並和住在我們鄰近的聾朋友討論，他是位眼科學家。我們忙碌的生活作息，並不適合照顧視障兼聾的孩子。當我們發現另有家庭對這個小孩有興趣時，我們及時打了退堂鼓。

　　所有我們曾表達過興趣的兒童最後都已被人領養了。當我們將生活重心轉向其他事情時，我不預期地在一九九一年十二月接到一通來自西雅圖一個機構的電話。他們為來自保加利亞的兒童安置助養家庭。有一個領養案子下來，而他們由我以前曾聯絡過的組織之一取得我們的姓名和連絡電話。他們有一位四歲大的女聾童；她有嚴重的行為問題且無法適應她在密西根州的新家庭。他們必須立刻安置這個孩子。我告訴他們我會回電話給他們。

　　我聯絡上肯特，他正奇蹟似地恰巧坐在學校內辦公桌前。當我將機構轉述給我的有限資訊告訴他之後，他回答說：「哦！當然好，我覺得我好像懷孕了。」我回電說我願意接受這個孩子，我認為這是個正確的決定。

　　肯特和我以前就已計畫好要和我們的朋友約翰路克奈爾（John Luckner）以及蘇蕾妲芙（Sue Rndolph）一起去渡假。我們覺得不應放棄這早已定好的假期，也不應領回新女兒給臨時看護照顧，因此我們延遲了幾個星期才與她會面。一九九二年的一月二日，我們度假回來的隔天，我就飛到密西根州去見我們四歲大的女兒──瑪西（Marcy）。當她來到我們家中時，是個健康的四歲極重度聾女孩。她以前被收養在保加利亞的一家孤兒院中。由我們所收到的資料顯示，她從未切割過東西，從未著彩色畫，也喪失許多典型美國四歲兒童所享受過的諸多機會。

　　瑪西一些無法令人接受的行為，已經在之前助養家庭的照顧下開始消失。然而，她晚上仍然睡不好，繼續地吸吮她的拇指，常愛發脾氣，還有她有時會不肯合作。她從來不親人也不抱人，她也不讓別人親她抱她。瑪西持續地考驗著我們。

　　我與瑪西留在密西根州四天，我常抱著她，對她比手語，而且帶她去大型的購物中心。之後我們坐飛機回家，肯特和女兒們在機場迎接我們。當我們開車回到歐

雷里時，我們決定先到我們的魁克教會中，把我們的新女兒介紹給我們的會友。到處是微笑和擁抱。我們在未來的歲月中，需要這些友誼的力量。

在產假期間，我們在工作上得到很少的行政支持。肯特和我在隨後的幾個禮拜中有時得被迫留在家中照顧瑪西，使她能適應我們家。她到達我們家的隔天，就去我們的學校上半天班。她的第一位教師娜提小姐，也曾教過瑪麗珮特。我們很幸運地為她找到一個聾家庭願意在下午時段照顧她。

瑪西在到達兩星期之後得到她的第一個助聽器，這幾週中她從無聲地模仿我們的話語，到揮動手臂，再蛻變成一個充滿表情和手勢的孩子。她進入一個好的學校就讀，那個學校有一致的行為策略，用於學校和家庭中。我們驚訝諾里娜赫崔爾（Norina Hatcher），一位語言治療師，在瑪西比手語時，能鼓勵她。我們也開始為她的人工電子耳申請動手術的過程。瑪西在五月動手術，六月連接外在的儀器。

我們為新女兒建立一個嚴格的行為管理計畫。如果她不肯順從，就被送回房間。剛開始的頭幾天，瑪西很少做到我們要求她做的事情，所以她持續被送回房間。當她在裡面尖叫和跺地板時，我們會按住門或關緊門。真不知她會繼續多久。

在一個禮拜內，瑪西也許一天會被關進房間一次。

她停止吸她的拇指，用手勢比出她所想要的東西，偶爾也和瑪麗珮特有正面的互動。但通常在工作一整天回到家後，我得處理她的問題，例如她拒絕與別人分享東西、不睡覺以及尖叫的行為。一週一週的過去，她帶給我們一家人最壞的感受，我們卻無法告知外人這個處境。

　　逐漸地，瑪西學到更多字彙，她的態度和行為也緩慢地開始改善。她開始接受他人的擁抱和親吻。在夏天結束以前，她已有兩歲到三歲半的語言能力，而且喜歡和別人對談。當她比手語和比一長串的手語時，會令我們發笑，但我們只能理解三分之一。過了夏天，她學會騎腳踏車、跳躍、單腳跳、用剪刀剪、畫畫以及和人合作玩遊戲。她和一群四歲大的孩子們一樣，難以區分有何不同。

　　我們家族中有些人從來未正視過瑪麗珮特的收養，同時他們也忽視瑪西融入我們家的事實，雖然此點令我們難過，但我們只和親密的朋友們討論此事。我們擁有穩固的婚姻、團結的家庭，以及由善解人意的朋友所組成的堅強社區，這些支持讓我們渡過起初的難關。而其他的家庭親戚和朋友們就很好：有的人送給瑪西很多的玩具、衣服，那是瑪西從未擁有過的；他們也使我們感受到這個新小孩帶給我們家特別的地方。

29 年長的手足

　　雖然我們家有特殊需要的兒童，但由於我們那兩個健聽孩子們的參與，而減輕存在家中諸多的緊張和壓力。我仍然記得瑪麗珮特剛來不久，有一天晚上我站在廚房水漕邊洗碟子，我聽到助聽器的回饋響聲，直到我認為像尖叫，我心中想著我們要如何在家中執行瑪麗珮特的臨床說話和聽能訓練的訓練目標，我也在想著她是否能學好英語和美國手語。逐漸地，這些思路被我們大女兒及二女兒的聲音所打斷。卜莉絲和漢娜當時在客廳中和新妹妹一起玩，她們分別只有九歲和五歲大，由她們說話時的有意停頓，我體會到她們在與瑪麗珮特溝通時，仔細地打出每個字的手勢；我聽到她們試著將瑪麗珮特的說話和聽能課業融入她們的遊戲之中，這也是以前我們討論過的決定。我體認到她們是我的夥伴，一起掙扎著促進瑪麗珮特的完整發展，身為她的姐姐們，她們分擔教養聾兒的責任。

　　對小女孩來說，這些大女孩們是很棒的大姐姐，我自己從來不曾對兒童的溝通板和電腦遊戲有太大的耐性，但對那兩個年長的女孩子不成問題，她們可以如此一而

再、再而三的玩。瑪麗珮特和瑪西和大姐姐們一起玩，學到了遊戲規則、計算技巧以及思考策略。

我們很快就了解到瑪麗珮特的姐姐們比我們家長更善於誘導她長時間從事困難的工作。她和現在的瑪西崇拜姐姐們；這些小女孩們努力地做出一切，希望打動她們姐姐的心，或使姐姐們允許她們和姐姐及姐姐的朋友一起玩。這些大女孩們提供自然的增強物來學習新的觀念。我們那兩個小女兒對於姐姐們所看重的事情，會更努力去嘗試或花更久的時間去學習。我們競賽著看誰先教會哪一個妹妹新字彙或新成語。當看到一個孩子因妳的教導而會做某事時，我們全家人都體會到那種歡愉。

我們健聽的女兒也曾傳授過很多關於聾的知識給其他健聽的孩子們。我們聽過她向朋友們談過領養、聽障、聽力輔具（assistive equipment）（譯註：全名為 assistive listening devices；泛指聽力輔具，包括：調頻助聽器、煙霧警示器等）、聽語障轉接系統（relay systems）等諸如此類。總算這些女孩還能解釋聾人文字電話（TDD）（譯註：Telecommunication Devices for the Deaf 之縮寫；指一種聾人文字電話，外觀像台英文打字機，上有螢幕，可以看到對方打字的訊息，必須雙方皆有這種電話才能溝通，利用電話線傳輸訊息。台灣的聾人以傳真機溝通，電信局亦已研發出筆觸式聽語障溝通系統）如何運作，或為何電池需要更換等，來滿足朋友們的好奇。自從瑪麗珮

特到我家以後，她們已經為同學們、家長、爺爺奶奶們、和鄰居們開班授課教手語，那個經驗已創造出一個有興趣學習者的支持性社區，這些學習者使大姐姐覺得被需要、有能力，而且有才能。

上初中的卜莉絲有她的聾朋友，他們從堪薩斯州立啓聰學校轉入她們班。她們一起吃午餐，週末互相造訪，以及花很長的時間使用聾人文字電話來溝通。卜莉絲以這種友誼為榮，而且期望在我們造訪堪薩斯州立啓聰學校時，她能花些時間和住宿的聾友在一起。

很多事在我們家中發生，我們設立一項標準，就是我們需要協助彼此來度過忙碌的日子。有時我們會要大女孩們檢查一下瑪西人工電子耳的電池是否還有電，幫小女孩們穿衣或脫衣，監視她們洗澡，或帶著小女孩們安全過街，她們用口語和手語說／比故事給瑪西和瑪麗珮特，協助瑪麗珮特做家庭作業，整理妹妹們的頭髮，以及在其他數以千計的事情上，她們也都發揮了作用。

對我而言這就像一個團隊工作，我對她們說：「嗨！妳去看著瑪麗珮特準備好上學要用的『表演和告訴』，我來幫妳做午餐。」漢娜和卜莉絲會去做這微小但重要的工作，因為我們灌輸背後的價值給她們。我對她們的協助，予以確認和諸多讚美，我們也讓祖父母、教師和同學們知道大女孩們承擔了這樣的責任。

我們也試著報償我們年長的健聽女孩們對年少的聾

妹妹們實地教學的責任。她們甘願關心妹妹們,讓我們覺得自由和自主,這種感覺我們很久沒享受過了。我們幫大女孩們設立善用金錢的目標,我們也開車載她們去聽夕陽合唱團、戲劇練習,或偶爾爲她們辦事,來交換我們自己的一小段時間。我們安排一些特別的活動,例如:邀請朋友們過來,或吃一些特別的甜點,或買一些她們特別感興趣的書籍和珠寶來酬賞她們。我們以具體的方式,來感謝她們身爲家中成員的態度。卜莉絲和漢娜有豐富又充實的生命,但她們顯然與父母分享著時間和金錢的資源,來與年幼的妹妹們相處。

30 一九九二年之秋

　　卜莉絲已經上九年級，參加交響樂（首席小提琴）
合唱團、籃球和秋季戲劇。她是個受老師和朋友歡迎的
品學兼優學生。她的生活在那年秋天輕鬆了不少，因我
們決定讓一位聾大學生照顧孩子來交換免費食宿。蘿莉
一星期都和我們住在一起，只有在週末時出去玩，或回
她密蘇里州的家。

　　漢娜上國小四年級，但在國小六年級的交響樂團班
上課，她也是個傑出的學生而且好學不倦。有兩位聾生
在她的班級中，她不認為自己能輕易地以手語來和聾同
學們溝通有何特別之處。「媽，」她說：「每一個人都
可以和他們說話，每一個人都會比手語。」漢娜特別偏
愛瑪西，打從她們成為姊妹，她們經常在一起數個小時，
坐在沙發上一起依偎和談話。整個秋季的週末，漢娜、
瑪麗珮特和瑪西都在玩扮家家酒的遊戲。

　　瑪麗珮特六歲，上國小一年級的普通班。她是班上
十二個學生之一，有全時間的手語翻譯員。她的口語大
部分很清晰，只是她在那一年掉了四顆門牙！現在她可
以自己打電話、到餐廳點菜、和她的健聽同伴輕鬆地交

談。我們在伊利諾州的夢想成真了。她是個頂尖的好學生、優異的閱讀者。我們仍對她交朋友的事有點擔心；真正的朋友，是能在作業紙之間和你一起吃吃傻笑，以及在學習情境中會和你說悄悄話的朋友。她的普通班教師會對她打出完整句子的手語；而她的手語翻譯員也常改變她的角色，例如教小團體、讀故事或教班上的其他學生手語。這是因為我們曾經要求讓瑪麗珮特接受更多口語手語並用的溝通（不是被轉譯的溝通）。我們要她在所有的場合中常常運用她的人工電子耳來聽。她每天仍要到啓聰教師那邊接受個別指導，以及和一小群健聽同學去找啓聰教育教師。在每個星期四，她自己坐公車到堪薩斯州立啓聰學校和她的聾朋友玩遊戲、吃晚餐。

　　瑪西快要五歲，不久就要和我們一起慶祝她的第一個生日。我們邀請她在公立學校班上和堪薩斯州立啓聰學校中的聾和健聽的朋友過來我家。我們認為這樣慶祝是正確的！現在瑪西的行為和她班上的孩子們平行，她主動的對話能使用三到四字的句子，而且她的聽能和口語持續穩定地進步。瑪西是個才華洋溢、天分很高的藝術家，她像種子一樣的成長！瑪西在拜訪三個家庭之後，了解萬聖節的運作方式，她愛上我們感恩節慶典的溫馨。不像以前一般的成年聾者，我們的小女孩們在這些假日聚餐以及別處，都有管道可以和家人對話。在一九九二年九月十七日在我送她到學校下車時，瑪西送給我一個

意外的吻別！

　　肯特仍在堪薩斯城的密蘇里校區中做科技資源專業
人員，他喜歡這身兼教師與催化員的挑戰角色；他也正
在修讀碩士學位，每學期修一到二門課，眼看他即將畢
業。他的工作時間表要求他每天早上七點半開始，但他
沒有會議或不需辦事的日子裡，會在放學後就回家。

　　我的職業生涯達到高峰。我與人合寫的教科書得到
很好的評價；我也正執行一項令人興奮的偏遠鄉鎮訓練
專案補助，有很多夠資格的研究生申請進入堪薩斯大學
的聾教育方案中就讀；我也應要求一年數次到美國各地
提供諮詢。我是持有終生職位的專任大學教授，但一天
只有兩小時能看到家人；若我晚上也授課時，根本就看
不到家人。卜莉絲加入九年級的籃球隊，我幾乎錯過所
有的比賽，只觀賞過一次她的演出。我持續自省我的專
業角色和父母角色間，是否有不平衡之處。

31 支持系統

　　當我想摘述我們依靠了八年之久的撫養聾童支持系統時，我把它分成四群不同的團體：第一，也是最重要的，就是我們每一個人自己的內在就是一個支持。我們愛孩子，我們需要尋找、發現新方法來滿足孩子的需求和我們的需求，我們也需要在家中扮演負責任的手足和家長角色，這些方法都可以支持我們養育每一位獨特孩子的挑戰。

　　我們已發現在生命中同時接受健聽者和聾人，會擴展我們去接納有色人種、同性戀團體、不同文化背景的人；而且一般而言，體會到多樣文化中的力量。

　　發現我們的內在能力來面對每天的挑戰，已成為既感恩又挫折的經驗。運用生命的禮物，不顧痛苦的呈現，以及面對悲傷和不愉快，已擴展了我們的成長。我們曾經花時間去學習壓力管理和時間管理的策略。身為父母的我們和孩子們設立目標，並檢查我們的進展。我們曾向外求助過，我們尋找過短期看護，我們也保持幽默感。我們持續試著保持彈性，改變我們的信念和態度。

　　第二，我們在他人身上獲得支持。我們尋找安全的

環境來表達我們的感受，我們誠實地與其他人討論，很
幸運地，有些人給我們具有同理心和客觀的回饋。我們
發現我們和其他有類似聽障和領養兒童經驗的人們，形
成一個社區意識。我們尋找有關溝通需要和知識的資料，
並且由他人處了解不同觀點的討論。如有必要，我們會
主動發起召開會議；我們也參加其他人所提供的研討會
和會議。我們訂閱與我們需求有關的報章雜誌，也感謝
那些曾經協助過我們的人，我們體認他們在我們生命中
的貢獻。

　　第三，我們在社區中不同能力的人身上獲得支持。
我們支持和認同那些面對生命中特殊挑戰之人的成就。
處理負面的情緒和態度使我們能更真誠地去瞭解所有的
人。我們向成年聾者尋求友誼，也獲得他們的建議；我
們也協助催化他人去發現他們自己內在的力量。

　　最後，我們發現自己身為聾童的父母，彼此由配偶
處獲得支持。肯特和我會在作息表中找出時間，一起散
步，聊聊彼此的感受、期待以及需要。我們藉著相互尊
重的談話中，找出解決的方案。我們學習著信賴自己和
解決的方法，我們平等地均分責任，而且我們也讓子女
和親友們，在我們需要時，支持我們。由於上帝賜與我
們聾孩子的禮物，我們家人之間的關係、婚姻以及友誼
反而變得更加穩固。

32 婦女音樂慶祝會

卜莉絲在一九九二年的五月與我一起開車去印第安那州的布魯明屯（Bloomington）參加國際婦女音樂慶祝會，重新燃起我對婦女問題的興趣，象徵著我不再持續以聾教育爲生活的重心。慶祝會的活動就好像未來主義者的夢想：每一件事都有管道可以達成。瑪麗珮特跟著我們參加四天的慶典，即使我們沒有要求也有手語翻譯員的提供。我們會打手語的能力受到重視，我們也喜歡在會場上與聾婦女們互相交談。然後，在會議中的一小場研討會快結束時，有一位健聽、與印第安那州立啓聰學校來往密切的婦人告訴我，我們是在壓制我們的女兒，因爲我們以合於英語文法的手語溝通模式來教養她們。對一個出生於七〇年代，熱中於聯合農場運動的人，我不能忽略她。研討會的剩餘時間裡，我認真地看著瑪麗珮特快樂地和那位強勢的聾婦女互動溝通，和卜莉絲辛苦地爲兒童節目每日提供手語翻譯。我看著我們家庭的團結力量，以及家中所有女孩們所發展出來的自信和技巧。我知道，這位婦女不明瞭我們爲要教養出雙語和雙文化的孩子們所付出的努力；她對我們有刻板的印象。

我決定要寫一篇有關健聽家庭中聾文化的文章。

33 健聽家庭裡的聾文化

很多健聽的家長採用雙語和雙文化觀點來教養他們聾或重聽的孩子；也就是說，他們設立目標來促進孩子獲得英語以及美國手語的能力，同時提供機會，讓他們的孩子們參加聽人團體與聾人團體所各自贊助的活動。這些父母的情況，很類似撫養在國外出生的孩子、同性戀的孩子，或宗教迥異於美國主流社會下孩子的父母。這些父母就像肯特和我，他們承認他們必須提供孩子們特別的機會，以使孩子們能夠學習不止一種的語言（或溝通模式），以及尊敬不同的文化。

很多做父母的有動機要提供雙語和雙文化的經驗給他們的孩子，但卻發現很難做到。這個問題的原因很多，例如：雙親都外出工作、單親家庭、鄉下家庭等等。我鼓勵這些家庭訂閱由聾人機構所出版的刊物，例如：《無聲的新聞》（*Silent News*）、《美國聾人協會廣播》（*NAD Broadcaster*），以及《聾美國人》（*Deaf American*）（由美國聾人協會出版）（註：台灣地區則有由中華民國聾人協會所出版的《手語之聲》刊物），以及一年一次探討美國聾人的一系列論文集。

　　這些刊物呈現對不同問題的廣泛觀點，它們允許健聽的父母們以社會、政治、經濟和教育的關切點體驗「聾的觀點」。這些文章相當短，有些很嚴肅，有些很幽默。家庭可以個別訂閱，或建議家長團體或當地的圖書館訂閱。

　　這些家庭也可以加入國立聾人協會（National Association of the Deaf，簡稱 NAD），由會員中得到益處，此協會在各州都有分支機構，會費不貴，很多州的團體整年都贊助舉辦不同的活動。國立聾人協會也贊助每兩年在不同地點所舉行的國立研討會議，研討會提供寬廣的不同主題，將是一個有趣又極富資訊的家庭活動。

　　這些父母們可能也可以考慮把自己的名字列入哥老德人書店的郵寄名單中，如此確保他們會收到書店一年兩次的產品目錄。父母們也可以在孩子們的生日和特別假日時，購買與聾有關的特別書籍。他們也可以設立目標，為當地或學校的圖書館一年購買一本與聾有關的書。最後他們也可以鼓勵當地或學校的圖書館，每年至少訂購一本關於聾的書和錄影帶。

　　這些父母們若感覺他們尚未得到有關聾的足夠資訊，他們可以向本州的大學或學院接受教師訓練課程。啓聰教育的教授們通常會收到很多關於聾的報紙、雜誌和通訊，這一類的文獻包括：《國立聾人工學院焦點》（*NTID Focus*）（由國立聾人工學院所出版）、啓聰學校所出版的校刊以及訓練機構的目錄，大部分的教授和講師樂於

分享他們所擁有的資料，或者他們會告知如何獲取相關資料的方法。

　　這些父母們若想在他們家提昇一個雙語和雙文化的觀點，也可以基於共同的興趣，試著和聾人或家中有聾成員的人形成真誠的友誼。我們曾有過的經驗指出，如果雙方的基礎建立在真誠興趣的活動上，則友誼之花綻放，且永誌不渝。若不認識任何一個人，就走入一個聾人俱樂部，或不認識任何會友就進入一個教會（即使有很多聾人也參與其中），是很困難的一件事。我們也曾經請一兩對夫婦來家中參加孩子的慶生會、打紙牌、吃晚餐或出去打保齡球，效果不錯。我們由活動中彼此建立友誼，找到雙方共同興趣的話題。有一些友誼一直維持多年，有些友誼則較爲短暫。

　　健聽的父母們若有興趣邀請一或二位成人聾者來家中晚餐，可以考慮以小型晚宴，請幾對夫婦做客：一或二對聾夫婦，和一或二對健聽的夫婦，就像他們自己，生有重聽或聾的孩子。這時主人可以調查爲此場合而請一位手語翻譯員的可能性，如此溝通才不成問題。很多健聽的父母避免接觸成年聾者，因爲他們認爲自己的手語不夠好到用來溝通；如果他們認爲聘請一位翻譯員可以加速溝通的順暢，且讓他們體驗到他們的願望，那麼如此做（外聘手語翻譯員）也是個不錯的計畫。

　　家中有聾成員者，可去觀賞含有聾演員的戲劇表演，

或旅行到大城市來觀賞國立聾劇團（譯註：台灣有台北
聾劇團的定期公演）的表演，或去參觀啓聰學校所提供
的聾劇表演。依城市的大小，家庭成員應有管道來參加
藝術展、模仿表演秀，和其他包括有成年聾者成員家庭
的藝術活動。

　　最後父母應該繼續選修手語課。如果他們的手語能
力已超過他們孩子所去的學校所提供的手語課的水準，
他們可以在社區大學或州立啓聰學校尋找額外的手語班；
聘請一位聾成人或青少年聾者作家教也是一種選擇。有
些家庭成員的程度可以從大學或學院的手語課中獲益，
他們也可以選修大學師資訓練方案中的「聾研究」或「語
言與聾」的課程。在手語課中，特別是當手語課是由聾
成人，或家中有聾成員的健聽者，或研究過聾教育的教
授來教時，學習者所學到的，不止是手語本身，還可學
到其他更多的束西（譯註：台灣可學手語的地方有：中
華民國聾人協會、啓聰學校、某些師大師院的特殊教育
課程、青年服務社或某些教會等）。

 **學校裡的聾文化**

　　行政職員必須確使聾或重聽兒童的家庭知道，在同一個學區或合作的學校中有哪些其他聾或重聽兒童的家庭。對家中有年幼聾童的家庭，提供志願照顧幼童的年長的聾或重聽兒童的名單，可能是有助益的。

　　有些方案的聾或重聽兒童的人數較少，這時行政人員和教師可以倡導把聾或重聽的學生安排在一個班上有些兒童可能會打手語的班級中，例如聾父母所生的健聽兒童或家中有聾或重聽的兄弟姊妹的健聽兒童。如此可以確保聾或重聽兒童在班上會有其他更容易溝通的同學。

　　學校也可以每天教導聽健兒童功能性的手勢。學校教職員可以組織一年一度或半年一度的手語歌比賽，鼓勵所有年級的老師和學生參加。此活動是適合在校內推廣手語的顯著方式。

　　校內有聾或重聽兒童的學校圖書館員，可以增加提昇尊重和了解聾的書本、報紙和簡訊。哥老德大學出版社和Ｔ‧Ｊ出版社等都有專門給成人和兒童看的豐富資源，包括書籍和錄影帶。學校的圖書館員也可以和校內的家長組織合作，來讓健聽小孩及教師借出聾人文字電話。

　　這些資源可以自圖書館借出後再歸還，像借書一樣。讓聾人文字電話普及給所有想跟他們的聾朋友溝通的孩子們，增進學校對聾的認知。

　　學校也可以在每年秋季慶祝「認識聾人週」，以任何方式來策劃。也許行政人員可以加速完成一個尚未完成的聾計畫；也許老師們在課堂上可以介紹歷史上有名的聾人；也許在社區中的一位成年聾人可以被邀請來與學生們談談他個人的求學經驗。計畫內容的大小不是重點，重要的是實行出來對聾人的尊敬，協助我們所有人來慶祝「認識聾人週」。

　　校內有聾或重聽兒童的學校方案可以組成「聾顧問委員會」。這個委員會的成員可能包括：成年聾者、聾童的父母、老師、手語翻譯員，以及參與的行政人員。此委員會可能討論健聽家庭和校內健聽老師的聾文化、澄清關切的問題、提倡聾或重聽兒童的需要（包括在學期間彼此社交的需求）等等。成年聾者必須了解他們在學校的參與是真誠的，也是被感激的。

35 以成年聾者協助健聽家庭提昇聾文化

　　成年聾者可以協助希望實施雙語或雙文化目標的家庭，他們可以請這樣的父母以及聾或重聽的孩子參加國立聾人協會的地區分會或是地區性的聾人俱樂部，這些團體一年會有幾次贊助舉辦一些像說故事、家庭運動會、晚餐或戲劇的活動。

　　我一直期望有一位成年聾者可以「領養」我們家，並與我們定期做一些事；此想法的另一個做法是鼓勵有聾童的健聽家庭認較年長的聾成人做「祖父母」。成年聾者可以為聾或重聽的孩子建立大哥哥大姊姊的計畫，或一個月或一年一次招集社區內家有聾或重聽成員的家庭，各家帶一道菜來一起聚餐，他們也可以協助家有聾或重聽孩子的家庭組織一個無聲的週末。

　　成年聾者可以編列出願意去拜訪家庭和學校的一些聾成人名單，他們可以對聾或重聽的孩子談論自己的生活和價值觀。學校和家庭應該可以在不同時間利用這些成人資源。由於他們對所接觸的家庭具有很大的重要性，因此，他們應該以體貼和感恩的心承擔這活動的責任。

　　成年聾者可以跟學校和父母分享他們對相關刊物和錄影帶的知識，例如：如何取得目錄和報紙、提供郵寄地址，並討論如何利用這些資料。

　　做一個聾或重聽兒童是不容易的，而撫養聾或重聽兒童的健聽父母也不簡單。但這些陷阱、問題以及最重要的孤單情形，可以藉由支持和理解的氣氛而減輕不少。當學校、聾社區以及父母結合興趣組成團隊一起工作時，他們可以協助社區中的聾童生活得更豐盛、更快樂、更有意義。我真誠地相信這一點。

　　當我在哥老德大學舉辦的一場會議中，提出有關「健聽家庭中的聾文化」論文（其中有很多的想法已寫在本書內）時，有一位我認識的社區內聾人質疑我呈現聾文化主題文章的權威性。我儘可能摘述我的想法，我覺得他期待我能做更多的辯解。我希望我們是盟友，而不是意見相左的團隊。我代表很多撫養聾童的健聽父母，我希望我們一起合作，為家庭找出如何與聾成人相處的方法，與聾成人在一起時感覺舒服，並且允許他們的孩子們經常且一致地與聾成人作朋友。很多父母告訴我他們害怕聾成人，希望我的論文能給予父母及教師們很多活動的點子，促使事情能改善。在我的意象裡，我們都是延伸的一家人。

36 領養的問題

　　我們未曾探討過領養的問題，就像我們探討教育的問題一樣，但我們覺得這世界上若有更多人愛你，你會調適得更好。我們帶著瑪麗珮特去達拉斯（Dallas）與她同母異父的姊妹相會。這些女孩們被同一個母親所生，而自從我們互相發現彼此以後，我們每一年至少會讓她們團圓一次。瑪麗珮特的妹妹小她二歲，健聽。兩個女孩都同樣美麗、聰明、健談。

　　我們一向對瑪麗珮特和瑪西非常開放地談論她們過去的歷史。我們每年寫一次信給曾收養過她們的機構，提供她們最近的興趣和活動的訊息。當瑪麗珮特必須帶著她的家庭照片給學校中的「這是我」佈告欄時，她總是包括了她的親身母親和助養父母的照片。多年來瑪麗珮特一直引以為傲地說：「我有三個媽媽：我親生的媽媽、我助養的媽媽、和我<u>真正</u>的媽媽！」我愛那條強調的底線！

　　當我收養瑪西時，我的母親在春天時來看她，我的哥哥查理（Charlie）一家人和我的弟弟比爾（Bill）也分別在不同的時段來探望我們的新女兒，對他們的致意我們

感到愉快和受到支持。我們才開始告訴人們更多有關瑪西前六個月和我們住在一起的真實面貌，現在她既然經由手語學習到語言並且學習信任我們，我們就能夠更有彈性並更加愛她；然而，她仍然有很多固執和混亂的時刻，那時我們就非常需要家人和朋友們所提供的支持。有時我自己家人對我的態度，使我感覺好像是我剛買了一部新的洗碗機，而不是添加孩子到我們家。有些家人花時間實際探訪我們，來體驗我們日前的生活，彌補了另外有些我們最親密家人對我的傷害，因爲他們一直不肯承認瑪麗珮特和現在剛到的瑪西的存在。

37 一九九二年夏天

　　瑪西的成長跳躍至夏天，她比冬天時更健康、更快樂。她做些一般家庭所做的規律事情。她每禮拜的工作是倒垃圾，而她也負責任地愛護這工作。如果有人在她上樓下樓時干擾她，她會生氣。當她剛到家時，這個小女孩既不會跳，也爬不上我們廚房中的凳子，然而現在她能跳，能大動作地在後院盪鞦韆。當她姊姊們讀書給她聽時，她會專注地坐著；她能協助作點心，也很享受和她的家人一起野餐。在那年的父親節前夕，瑪西仍不發聲，即使她帶上了人工電子耳，但我們全家人都致力於她的語言發展。我們把每一週的目標貼在我們的冰箱上，設定家教時間，那時她和她的姊姊們玩教育性的遊戲。

　　我很擔心瑪西的文法表達，她似乎達到高原期。我錄了一些她說話技巧的幾卷錄影帶與專業人員們討論，沒有人能給我們很多忠告，我覺得自己又回到使用直覺加上文獻上所提的方法來教育她。

　　瑪西通常能讓別人瞭解她的意思；我所關心的是她的回答和問題的結構——形式的問題。正如我前面說過的，我們總是試著提供她正確的模範，並且常要求她照

著模仿。我也鼓勵肯特和卜莉絲（也提醒我自己）要擴充或重組她所比的手語。

使孩子的語句加以擴充（expansions）或只是一個簡單的重組（recast），成人只要改變一兩個主要的成份，或擴充孩子們所造出來的不完全句，而不要更改孩子在句中的任何要素。

舉例如下：

孩子：船走。（Boat go.）

成人：是的，船就要走了。（Yes, the boat is going.）

有研究已證實重組（recasting）是一個有力的對話手段，能協助小孩子專心於所獲得的句法結構及其分析能力。重組聾童的言辭會讓成人有機會仿造真正的英語。

舉例如下：

孩子：我將不再受凍。（I will not be cold.）

成人：不，你不會受凍。（No, you won't be cold.）

我也試著協助將瑪西所打過的手語換成另一句話，以協助她同時獲得形式與意義。在底下以黑粗體指出明顯記號的例子，當孩子在正確的時刻獲得所需要的形式或字義（指黑體字），她就會使用剛學習到的字詞或片語。

舉例如下：

孩子：我愛吃沒煮過的洋蔥。

媽媽：哦！你喜歡**沒煮過的**洋蔥？

孩子：是啊，我喜歡沒煮過的洋蔥。

媽媽：唉唷，我不喜歡生的洋蔥。

孩子：**我喜歡生的**洋蔥，我愛它們。

　　有時我會在我的模式中加上一個新名詞的簡單定義，例如，我可以說：

你要不要和我去乾洗店呢？

我們必須去拿回我們乾淨的衣服。

洗衣店的人已經洗好了它們。

要不要和我去乾洗店呢？

　　為了協助瑪西對隱喻表達的特殊生詞，我常會將它們用已知的生詞來做對比。例如：

瑪西，我要妳現在爬出浴缸——現在。

搖搖腿（shake a leg）（譯註：此片語指快的意思）。

我要妳趕快出去。

請快一點——搖搖腿。

 家族重聚

　　一九九二年夏天我們家族大團圓，我很多的親戚第一次與我們的小女兒們見面。我記得當我的父親見到瑪西時，我心裡鬆了一口氣。當瑪西奔向我父親，對他用手勢比著「外公、外公」時，我曾經擔心我父親會忽略了對她的擁抱和親吻，畢竟他們沒有人見過她，而她只有一個外公。在這特別的一天，我父親笑著並擁抱瑪西做為回報，那件事對我而言意義非凡。我父親在瑪西那樣四歲大的年紀也曾被人收養過。瑪西缺乏令人理解的口語，而我父親則失去聽覺能力（第二次世界大戰在任職海軍時，被飛機環繞的噪音所弄成的），如此妨礙祖孫兩代之間的互動。甚至我父親也難以理解瑪麗珮特的口語。我父親在一年內只看過孩子一兩次，但當他們擁抱在一起時，我父親總是輕柔地微笑。瑪麗珮特叫他Grampie。（譯註：指「外公」，但發音不大準確）我相當確信他喜歡這樣的稱呼！

　　我母親理解所有的愛和時間所凝成的成就，而大多數其他家庭可能認為不重要。她和這兩個女孩有溝通的訣竅。她和肯特的媽媽——蕾塔（Rita），都會自然而然

地彎身齊眼，用手指指著和以姿勢和她們對談著簡單的句子。她們兩個都主動上過初級手語課，但我認為我們故意破壞她們想要用手語做正式溝通的企圖，因為我在她們面前所打的手語又快又有效率。如果事情能再重來一遍，當她們在試著比手語時，我不會再插手為他們翻譯，而只是讓她們自己去實驗，並找出適合她們自己的溝通方式。

秋季時，我們與朋友去威斯康辛州露營，孩子們有些在自己的學校內學到手語然後再回歸學校。我仍在家中輔導瑪西，一週數次，特別針對她的聽能和說話技巧。而基本上，我們就像一個典型充滿活力的家庭，我們的女孩們參加各種活動，和祖母蕾塔一起過感恩節、瑪西的慶生會，以及預備過聖誕節。之後的意外事件改變了我們的生活。

聖誕老公公來臨的幾個禮拜前，肯特在大學入學考試後開小貨車回家的途中撞上了火車。實在難以將這件事情告訴孩子們，我笨拙小心地用手語報告這項消息，每一個字都充滿著情緒，而且我的身體也因前晚待在急診室中而顯得疲累不堪。他傷到臀部、肘部、鼻子、一根肋骨、全身到處是割傷。我們的小貨車和我們的假期計畫全都煙消雲散了。之後幾天當我掙扎度過時，我體會到我最大的安慰來自會打手語的人——我的同事琳海斯（Lynn Hayes），當我第一晚要去醫院時曾打電話給她

（她宣稱有一大堆作業要批改，但願意過來），是一位有證照的手語翻譯員，她同時也是一位啓聰教育教師。她在意外事件的隔一天早上，協助我解釋以及擴大解釋的能力，都證明了她是一位完美的朋友。此外雖然直到後來我才了解，我孩子的教師也是一位相當緊密的支持者，他們是我們在堪薩斯州所無法擁有的家人。當我忙著照顧手術中的肯特，處理車子、保險金等事情時，他們在學校裡會去和我們的孩子們交談。我也請一個會打手語的大學畢業生在放學後照顧我的孩子。清楚的溝通和密集對話的機會，在這悲傷和焦慮的時刻裡，是很重要的。

　　肯特在醫院待了三個星期，耶誕節在那裡度過。我把孩子們送到佛羅里達州的親戚家，試著趕上工作進度。在隔年一月初，肯特被救護車送回家。我的弟弟比爾過來協助看顧他，女孩們都回家了。肯特在家中起居室的病床上躺了六個星期之久。他一隻手受損，另一隻手肘也骨折，因此無法比手語。比爾餵食並逗著肯特，煮飯，還教女孩們吃甜甜圈麵包和奶油起司。我情緒低落，服用抗沮喪的藥物，在工作上卻假裝每一件事情都很美好。

　　那年春天的聾教育諮詢非常看好。在零下幾度的天氣我跑到南達科塔州；在麻塞諸塞州和肯塔基州，我遇上大風雪。然而，我享受在旅館房中沒有女孩們踏上我的床，我可以專心於我的在職訓練工作。我珍惜美國各

地的同業們，他們關心肯特，並對我提供的資訊感到興趣。我重新閱讀我自己寫的支持系統的文章，也探索很多我推薦給別人的方法。

快到二月時，肯特使用輪椅，然後使用助行器走路。我帶著女兒們去印第安那州接受她們的年度評量。我的兩位女兒表現得都很好，而且那兒的醫護團隊稱讚我們在家中為教育孩子所做的努力。瑪西戴上人工電子耳有八個月之久，經測試結果，她的表現與其他使用人工電子耳的聾童一樣穩定（他們不像瑪西，在手術之前他們就戴了助聽器，而且在手術前一直接受口語訓練）。她可以辨認很多環境中的聲音，由三個音節中區辨出單音節，且說出了一些句子。她對有些字的發音非常清楚（如：不、媽媽、瑪麗珮特），但大部分仍不夠清楚。她的英語進步、行為改變，令整體工作團隊興奮不已。專業人員對父母而言，是何等重要呀！

我們也去看維拉（Vara），當初和瑪西一起來自保加利亞的小女孩。我有點痛苦地看著她的英語發展進步如此迅速，她沒有外國腔，而且不像瑪西那樣有文法上的困難。雖然如此，我們都很高興這兩個女孩又快樂又健康。

39 計劃一九九三年

一九九三年的整個春天我們緊密地與學校團隊工作，以便在下學年秋季時，為瑪西創造一個適當的教學方案。她尚未具備足夠的英語基礎來理解幼稚園階段的教育。有些教師希望她在普通幼稚園班級，以便與人社交互動，但那並不足當初評量結果列出她的需求項目之一。我們不願在此陷入複雜的討論，我們只是重複地問是否她有社交的需要。當團隊成員同意她並無此需求時，我們就針對她的英語需求重點，以及她離開普通班安置的需求。

最後個別化教育計畫團隊決定在秋季時，瑪西將被安置大部分時間與一位啟聰教育的教師在一起。她一天只有二十分鐘的時間去幼稚園的班上和同學自由玩耍，而啟聰教育的老師會陪著她。不像瑪麗珮特是她那一年級唯一的聾童，有三位和瑪西同樣年紀的聾或重聽的兒童被安置在同一年級。他們半天和瑪西一起上課，半天去上一般的幼稚園。我很高興學校能為我們的女兒設計個別化教育計畫，安排她傾向自足式的安置。我們並未和其他家長談論許多。瑪西的聾同學留在普通班的時間比她多，但我們持續認為瑪西需要花時間與一位受過英

語語言技巧的教師在一起，使她獲得各科的中介（mediate）學習（譯註：中介學習，又稱鷹架學習，為協助兒童由未知到已知之間的連結，提供有效的學習策略）。不同的孩子需要不同的選擇，所幸我們孩子就讀的史卡波羅（Scarborough）學校，提供一系列不同的服務。

校外的手語翻譯

　　在校外提供手語翻譯服務是一個令人關切的事。如這兩個女孩參加城市或鄉村所贊助舉辦的體育活動時，就會提供手語翻譯服務。通常我們社區所舉辦以音樂為上的活動都有手語翻譯的服務，我們甚至都不用請求！看來這些團體都定意要提供外在與溝通的管道給每一個人，甚至本地的電影院會讓我們進去。如果我們只為了要為女孩們翻譯而去看一場表演，但私下所贊助的活動，例如，壘球和女童軍就會有困難，這時我們的做法是自己去請翻譯，費用由家庭基金支付，或請求這些私人團體去付費用。有時我們會做出各付百分之五十的解決方法，我們付一半費用而組織也付一半。每小時翻譯的酬勞由十五元到二十元不等，不久後，我們會考慮是否有必要讓我們的的女兒參加這些俱樂部和活動——那些在別人父母眼中視為理所當然的事。我們還沒有完全解決這個校外手語翻譯的問題，這個挑戰持續存在我們家中。

 **41 友誼**

曼娣（Mandy），一個小巧國小二年級的女生，在一九九三到一九九四間，是我們家庭的特別禮物。她能以手語和指拼輕鬆地和班上同學溝通，因此她和瑪麗珮特很快變成朋友。事實上，曼娣是瑪麗珮特第一個真正的朋友。這是一種你可以用電話花長時間聊天、一起騎腳踏車、一起下棋的朋友。曼娣除去了我對瑪麗珮特的最深憂慮：我怕她在公立學校雖然能接受很好的教育，但她會很孤單，慶生會時沒人找她，以及沒人找她去家裡聊天或借宿。

這兩個女孩花很多時間在一起之後，曼娣的媽媽送給我一個禮物，正如她女兒送給瑪麗珮特的禮物般重要，那是洞見的禮物。她告訴我，若不是因為她的疑慮，瑪麗珮特和曼娣會在更早以前就已經做朋友了。由於曼娣的堅持，瑪麗珮特終於被邀請至她家玩。有了第一次以後，接連幾次，曼娣的媽媽蕾貝（Reba）開始重視和喜歡瑪麗珮特，她對溝通和差異性的憂慮不再是問題。事實上，這段故事有很美好的結局，我們兩家變得很親近。當我們的孩子們在聖誕節得到一架新的聾人文字電話時，

我們把那架舊的聾人文字電話轉送給曼娣。曼娣很快就學會如何使用它。蕾貝和麥克（Mike）歡迎接受手語為第二語言，也看到它在曼娣生活上的價值。他們盡其所能地鼓勵女孩們做朋友，甚至在一九九五年夏天，麥克隨著部隊調至德國時，他們一家邀請瑪麗珮特跟他們去德國度假三星期。

　　我們知道曼娣即將搬至德國，因此我們再次請求找些住在我們家附近，又想學手語的孩子們，能跟瑪麗珮特編在國小三年級的同一班。此外，老師們也希望其他接受語言訓練的健聽小孩能編在她班上，以便他們能在一起，而離開教室時，也不會顯得太與眾不同。

　　我確定瑪麗珮特仍然有幾次沒有被人邀請過，但有更多次是她的朋友們過來我家。她有時在附近和她班上的同學們騎腳踏車兜風，有時一些特別的朋友們會過來我家樹下玩。所有校內的小孩都已被教導使用聽語障轉接服務，也可以從圖書館中借出聾人文字電話，他們常使用這兩種服務。現在已四年級的瑪麗珮特，看來非常滿足於她的社交生活。她越來越有興趣和她來自鄰近史卡波羅小學的健聽朋友玩，更甚於和堪薩斯啓聰學校的聾朋友玩。

42 瑪麗珮特自我倡導聾人權益

在一九九三年的十一月，當瑪麗珮特七歲時，我們社區內的一個聾人和聾人組織成員提姆拉魯斯（Tim Rarus）給她一個榮譽——她被邀請和堪薩斯啓聰學校的一群聾成人，加上十二位其他成人，一起去拜訪政府官員，討論堪薩斯州聾人文字電話的分配問題。她和我與提姆以及其他人坐上小卡車到托皮卡（Topeka）——本州的首府，提姆在小卡車內對瑪麗珮特就這問題談了很久，我被他的老練圓滑深深打動，他在政治方面非常機敏精明，我可以想見他在哥老得大學在「現在是聾校長」示威活動中的領導技巧被人尊崇。瑪麗珮特對這個聾人文字電話的論題很有興趣，也很興奮於這個過程。當提姆問我對電話稅金被用於基金來源的看法時，我不太了解他的美國手語，瑪麗珮特以肘輕碰我，開始替我翻譯，由於角色的逆轉，使我在回答提姆之前，先暫停笑了起來。

瑪麗珮特深深著迷在官員的辦公室。她和她的聾朋友們坐在一起，而她很高興地坐在寬大的桌上；在眾人襯托下，她看來像個小矮人。我坐在後面，提姆很耐心

地等待大部分到場的人士和官員芬尼（Finney）討論分配聾人文字電話的各種觀點，然後他介紹瑪麗珮特——最後的演講者。當輪到瑪麗珮特說話時，她把手放下，開始說話，因為她知道政府官員們並不了解她的手語。我從未在公共場所看過她不用手語或轉碼為口頭英語，我開始為她說話，只為確信她的訊息不會遺漏，也是為了讓手語翻譯員能更輕易地翻成手語給她的聾朋友們看。她說道：「芬尼政務官員，我知道您是很重要的人物，但我今天為了和您說話，無法到學校上課。」（政務官她的雙手合在一起。）「一台電話值二十到三十美元，但一台聾人文字電話要一百三十美元，您認為公平嗎？」（政務官配合著瑪麗珮特的高音量搖動她的頭。）「每個人都應該有聾人文字電話，好讓他們能打電話給朋友、叫救護車——還有，可以點比薩！」（此時房內響起一陣爆笑。）「我認為在堪薩斯州的每個聾人都應該有一台聾人文字電話。」然後就像電視中的廣告台詞，她的結語是：「謝謝您寶貴的時間。」

　　那真是一個令人驕傲的時刻，我也鬆了一口氣。我曾希望她能做得像這樣好。官員與她握手，而當每個人離開會場時，我們和官員合照一張相片。瑪麗珮特回到學校，告訴她的每一位朋友她在托皮卡與聾朋友們遊說議員的事蹟。當她日後不久在那一年去堪薩斯啟聰學校和哥老德大學的聾校長肯恩喬登（King Jordan）博士談話

時，她在Ｔ恤上面寫著：「聾人能做每一件事」；那時，
她也是同樣地以聾為榮。

　　有一天，我駕車載她去堪薩斯啟聰學校參加一個週
末活動，她問我：「媽咪，我可以擁有兩個學校，對
嗎？」瑪麗珮特似乎體會到她可以同時是健聽世界與聾
人世界中的一部分，而且與兩個世界連結，具有優勢和
美好的感受。

新的人工電子耳移植

　　在手語方面，瑪麗珮特是一位英語手語和美國手語的雙語者；她同時也是人工電子耳的主要使用者。不幸的是，她的人工電子耳已壞掉幾個月了。每一次我們檢查時，她一再失去另一個電極的功能。當她原有的二十二個電極只剩下十一個電極時，我們決定更換新的裝置。雖然我不清楚為何這儀器會壞掉，也不希望任何人以自己的方式去告知我們的聾朋友，但我已準備好如何回答每一位對這次手術有意見的人士。不像我們的第一個手術，我現在已看見人工電子耳對瑪麗珮特的好處。

　　雖然在兩年內，我們的孩子動過三次人工電子耳的移植手術，但動手術的那天早上，我們仍然會緊張。我們很感激執行手術的艾特（Ator）醫師的坦承，他從未有取出過儀器的經驗。我們也謝謝語言治療師珊蒂（Sandy）的友誼，她在那天早上持續來等候室探望我們。植入器很容易地被取出來，新的植入器完整地被移入。一個月以後，瑪麗珮特的表現和以前一樣好。一年前，我們買下 Spectra22 的語言處理器給這二個女孩，她們說和聽的能力，有更大的進步，這是我可以見證的。

瑪西學習閱讀

　　多數的父母們可能無法告訴你，他們的孩子是在哪一天學會將文字解碼（譯註：指會看字說出字音來），更別提是哪一時刻了。但我可以。那是在一九九四年的十一月十日早上八點鐘，瑪西那時上國小一年級，她和我在離開家上學之前正在讀一本書，這本書每一頁含有一行字，全書共有約一百個字，書上有插圖可以提供線索，瑪西學習使用插圖來協助她讀這些基本的故事書；故事讀到中途時，她遇到了「等一下。」（Wait a minute.）的句子，瑪西不情願地低下頭來看著放在桌上她身邊的表來參考，那個表我們數週來至少已讀過二十次，上面寫著：「一、看插圖。二、讀句子──這個句子的意思是什麼？三、把字唸出來。」這一次，插圖無法提示片語，而讀句子來協助以及使用英文文法似乎也不能幫助瑪西，因為她不明白片語中的第一或第三個字。

　　我拍拍瑪西的肩膀並建議：「插圖沒有幫助，閱讀句子也沒有幫助，也許妳可以把字唸出聲來。」如果瑪西會以聲韻將此字解碼，她將和別的健聽者一樣──使用一個高度和熟練閱讀有關的策略。「妳能否把字唸出

來？」我問瑪西，懷疑她能否藉由人工電子耳得到足夠的聽力來學習這個技巧。當然，瑪西的老師和父母不可能一輩子在她身旁告訴她，她想解碼的字是什麼。

有關閱讀和聾的書籍和章節很少，通常對教師應如何教導聾童閱讀的這個主題避而不談。文獻的記載顯示當聾童被給予機會由前後文意來閱讀一個故事時，很多字在聾童第一次嘗試時無法理解，但第二次獨立嘗試時就成功了。但是如果聾童無法使用前後文意來解碼字詞、了解字詞時，該怎麼辦？有沒有其他策略可以教導這些聾童，使他們能獨立地閱讀？倒是很少有人做些研究來回答這個問題。

如果孩子未被教導「把字唸出聲音」；或無法由一個字中破解第一個音素（例如：sat）；並把聲音連結成字（例如：bat）；若無法分辨高度類似發音的字（英文如 run、ran）等等。那麼，使用一個閃示字（sight-word）是剩下來可用的方法，然而，尚未有文獻指出此法是一個有效率的方法。

當我試著在前幾個禮拜加速瑪西的閱讀時，我統合了經驗加上視覺的策略，有一些成效。例如，有一天，她自己正確讀出「Mor」，一個人名，而不是「More」；這兩個字都出現在同一句裡。我也將無法靠近我唇部的手勢，改以指拼字的方式呈現，以便搭配兩個策略（指拼和讀話）。如果她寫下這些字，說不定她能學習獨立

地閱讀。

　　有時由字裡再找出字，使她能理解她讀不出的字。例如，她在「snow」的字裡找到「no」；由插圖上她了解這個字和氣候有關。發「no」的音協助她來發出「snow」的音，而在「now」裡則非如此。瑪西必須學習從大的字裡找到小的字，有時有幫助，有時沒幫助。

　　每一次練習，當瑪西已讀完二或三本她正使用的故事書，而且只犯一個或更少錯誤之後，我會給她一本適合她程度的新書。她會拿起書，翻開第一頁，再看看插圖。然後她會試著讀一遍，沒人干擾她，也沒人糾正她。一段時間以後，在我們一起讀此部分時，她越來越少看我，雖然她總會把書中的字，用手語和口語比出來、說出來。不管是對是錯，我不會糾正她，但我會在一旁做筆記，了解她是否自我校正、跳過字不讀，或把某字的手勢打錯。

　　然而到了第三次，我會在瑪西比錯某字的手勢時糾正她。為了讓她自我更正，我會問她為何她會改變主意。在這點上，她還說不出所以然。我會與她討論，並示範她應如何看插圖、讀句子來獲得字義的線索，或甚至發出聲音，（例如：「也許妳認為那個字並不是漂亮（beautiful），因為這個字以『p』開頭？」）我會提供理由給她，希望有一天當我問她時，她會記得這些模式，而且能用她的語言，討論她為何使用這些策略的看法。

　　我們製作一本字詞家庭（word family）的書。當瑪西在故事書裡讀到這些字時，我們會在每一頁的另一個單獨生字單上加添新字。如果瑪西不會讀提示的字，而插圖與句法又無法提供她線索（而會拼錯手勢的字不適合放入字詞家族活動）時，我的方法是去遮住我的嘴巴，並說出此字。通常在第二次重複時我會將此字放在一個句子的前後文義中，然後再一次單獨呈現這個字。我會遮著嘴，要求瑪西去找出特定的字來。例如書中一個生字表上的「pop」，而表上另有別的字像「mop」、「stop」、「hop」等。學校的言語及語言治療師也做類似的活動。

　　有時瑪西由圖書和文法的前後文義，能「聽」到這個字，她正確地猜對了；其他的時候，如果她無法出純聽覺法獲益時，我會把手放下來，發出這字的音，讓瑪西讀我的唇語。有時她也能由讀唇法了解字義，特別是當我讀故事中的短句時。然而至少有一半的時間，我最後不得不「給」她那個字（打出字的手勢）。

　　每個禮拜一次，我會要求瑪西唸出一些特別的一套字（例如：moon、soon、sat、mat、pat、pet、met等等），然後記錄她是否無法正確唸出字音而只能以手勢打出每個字，或是能唸出字音，但不會打手勢，或是兩種情形兼有——能又說又比。由於這一套「克漏氏」（cloze）的字串，瑪西慢慢開始可以發出極相似的一群字的字音，也會用手勢把字打出來。實施這個方案的第五個星期時，

就在我提及的那個早上，她應用這個技巧於她所讀的故事中一個她不明白的字。

不像很多聾童，瑪西帶著很多有益的技巧來閱讀故事。她住在一個小康的家庭，有二位受過大學教育的父母和三個年長的姊姊，而且全家人都重視閱讀也經常閱讀。她家充滿了各種不同的閱讀材料（例如成人和兒童雜誌、作業單、至少五百本的兒童讀物等等），家人也都固定地使用家中三台中的一台電腦。她和她的父母去學校的圖書館；她每天也花時間在她自己的書桌上，桌上放滿了美工工具、原子筆和奇異筆，以及一大堆的紙。所有她的錄影帶和電腦磁片上都標記上圖案和文字，此外她的很多衣物也被貼上標籤（例如，她衣櫥裡的兩個抽屜上面都有一張卡片寫著「遊戲的衣服」，並用膠帶貼牢，這樣她自己在放學後就可以獨自更換衣服）。屋內的兩個地方，一個是她的臥室，被設計成孩子們的閱讀區，那兒有隨手可及的書，和舒適的枕頭在旁邊。她的父母或姊姊們讀故事書給她，或者她自己觀賞手語版的錄影帶，約有二十個故事（雖然所用的手語不是她的家庭語言）。最後，她定期收到祖母們的信函，而大約兩個月一次，她會跟著姊姊們「回寫」一封信。

瑪西失去很多典型的童年經驗，但她在美國所接受的學前教育，以及每年夏天她都會隨家人一起旅遊，這些帶給她很充實的經驗基礎。在她秋季上國小一年級時，

她尚未和媽媽一起讀過故事，因為她不了解前後文意（例如：農場、棒球、海洋、山脈等等）。

我們也相信瑪西帶入閱讀的另一個力量，來自她企圖打出她所讀的書上每一個字的手勢。例如，有一天，她看到一個句子：「他們吃完剩下的麵包。」她每個字都打出手勢來，再加上一個過去式的手勢，使「eat」變成過去式「ate」。有些成人和兒童可能不會像她一樣逐字比出「剩下」的麵包，但是使用這一類學校和家庭都使用的手勢系統，給她一個直接的口語和手勢表達的配合，以及和印刷體文字的配合。那些使用瑪西所用「正確英語手語」（Gustason, Pftczing, & Zawolkow, 1973）的人，對一字多義的字，曾打出相同的手勢（例如：在不同情況下使用「run」字，手勢完全相同，不管意義是否改變）；還有就是逐字打出成語或俚語（例如：要比「hold your horses」（等一等）時，就要一個一個逐字比出「hold」、「your」、「horse」外加上一個複數手勢，代表「s」）。

另外對瑪西和我較有利的一點，也是我們超越很多其他父母或教師在閱讀方面的優勢，就是瑪西的早期閱讀能力，已被人以一套工具評估過。她被安置在一個稍微超過她獨立水準（Independent Level）（譯註：指不用老師教可以自己閱讀的能力層次）的閱讀層次（她使用閱讀恢復方案）（Reading Recovery Program）。我從公共圖

書館和學校圖書館為她選擇一套有標示程度可預測的故事書。在五個禮拜前，我們開始閱讀，瑪西那時使用第四級的書；而在那天早上，她破例進步到第九級。

在十一月十日，瑪西看到這句：「Wait a minute.」（等一下）。她已獨自嘗試依她身旁紙上所列舉的兩項策略；她以一種撤退的表情看著我，她把頭低下，試著唸出（等一分鐘）那個字：「WWWWWW...aaaaaa...ttttt」。我坐著等待，臉上帶有一絲鼓勵。然後，輪子轉動了，她對我大聲叫著：「Wait！那個字唸做 Wait（等）。」

瑪西笑開了，然後加上：「我想出來了。我自己做到了。」在很多家人都擁抱她，加上盈盈不絕的鼓掌、讚美聲之後，她安靜地坐回去，使用所讀的新字、片語的構造文法，她唸出所讀過的「minute」。時間過得很快，她繼續唸著，但我輕拍她說：「我們必須停一停。」我比「學校」的手勢，跑去裝好她的午餐盒，送她出門，答應她晚上再陪她一起唸書。一星期後，她向我要求一個床頭燈。

五週過後，瑪西想要唸出所有不認識的字。她逐漸了解並不是所有的字都是如此容易解碼的（例如「thought」、「night」）。而當瑪西正確地發出某字的音但不了解字義時，我會試著以不同的方法來介入、教育她。我開心地看著她小心地依照音素結構發音，解碼某字詞，然後思考一下，之後邊露出成功的笑容邊打出那個字的手勢。

這方案進行了四個月，她已能閱讀第十五級的故事書。國小一年級的普通班教師自動地給予評語，說瑪西的閱讀能力很有進步。學年結束前夕，她的英語能力被評為約略等於健聽同學的四至五歲的程度，而她在標準化閱讀測驗的成績顯示她的閱讀能力是在1.5年級。而她才住在美國三年多一些！

45 一九九四年至一九九五年

　　瑪西讀完一年級，現在是國小二年級了。她受教於普通班教師和啓聰教育，兩面得利。她愛上學，有很多朋友，也剛學會騎腳踏車。她的英語仍然落後兩年，而她的口語雖然清晰多了，但近一半仍聽不懂。我們沒有正式地評估過她的美國手語能力，但是她可以和她所見到的任何聾人溝通。瑪西在課程考試中得到「普通」的結果；她帶回家的成績單上有 A 有 B（與健聽的同學比較）。我由極度憂慮的時刻轉爲整禮拜對她學校教師平靜的信任。她是個聰明的女孩，但她在保加利亞的孤兒院中失去了很多重要的歲月。

　　瑪麗珮特仍然是很棒的讀者，她在學校的成績報告卡顯示她學業上的成功。每個人都發現她很快樂。她在普通班仍使用翻譯員服務，來了解老師的話，但當她被老師叫起來回答問題時，自己會用口語表達。她和同學們在非正式的對話中不再使用手語。瑪麗珮特希望將來成爲模特兒〔本身是聽障者的前幾屆美國小姐希蕊懷特史東（Heather Whitestone），我謝謝妳模範角色的影響〕。

她在體育方面，非常靈敏，而且似乎能舒服自在地與健聽朋友和聾朋友在一起。我們仍然讓她每禮拜抽出一天在放學後去堪薩斯州立啓聰學校，以保持她美國手語的能力，並和較年長的聾童和成人相處。大部分的日子，她都和瑪西愉快地玩在一起。很明顯地，瑪麗珮特是瑪西的資產。她會使用各種不同的溝通方法，對她的小妹妹解釋每一件事情。當瑪麗珮特今年夏天飛向歐洲時，由於飛行時間很長，她感到無聊，就在飛機上寫信給美國航空公司，內容如下：「嗨！我是瑪麗珮特，我是九歲大的聾童。有一條法律，叫做美國障礙者法案（ADA）（譯註：全名為 Americans with Disabilities Act，一九九〇年頒佈；台灣類似的法案叫身心障礙者法案），規定飛機上的電影應該打出字幕來。您們以後能不能做到？如果您們要答覆，請打字。」

漢娜上七年級，她在學業和體育方面，都有很好的表現。她也被歐雷里青年交響樂團所錄用。她有一位聾同學泰拉（Tara）也在她的籃球隊裡。泰拉報告她的父母，她很高興肯特能夠直接向她打手語。即使如此，她的母親和我坐在球場的露天看台上，談論著我們對社交生活和聾的憂慮。我很心痛地接受漢娜似乎需要暫時退出聾人圈，休息一下。她很多時候很仁慈、很關心，但她有更多的時候，只希望和她的健聽朋友在電話中聊天，或去逛百貨公司，或看那永不止息的電視節目。她的老

師告訴我「她是個典型的青少年」。

　　卜莉絲十七歲，是國家榮譽協會的主席，也是歐雷里南部高中的音樂會教師。她留頭髮只為取悅我。她曾為瑪麗珮特的私人體操課和瑪西的壘球作手語翻譯。然而，卜莉絲也一樣，多時暫退出聲，休息一陣。卜莉絲是一位鬥士，為她自己的權利爭求平等。當我評論女童軍無法提供手語翻譯服務的缺失，努力地寫漢妮（Hannie）書中的一章（譯註：此書是原著者模擬女兒漢娜的口氣所寫的一本兒童故事書，有關一個健聽家庭內有聾手足的故事）時，她總是在旁鼓勵我。她也陪瑪麗珮特到歐洲，去過法國的艾菲爾鐵塔、柏林圍牆以及達巢（Dachau）內的集中營，為她翻譯。這些女孩們表現得舉止合宜，以致贏得腓比（Phipp）一家人再度邀請她們明年再去探索義大利！

　　肯特是一所中學的科技聯絡人員，他剛完成在三所大學修讀的科技碩士學位。我帶他去夏威夷作為畢業禮物；他常為了我因為工作而搬遷到他州，以致學分落後。近來他常為教師及聾童的家長演講科技的主題；他並且也協助我評估各種特殊的多媒體軟體，是否適合做聽能訓練的可行性。肯特在我們學校，是聾諮詢委員會的一員，當別人有問題時，他也會分擔電話諮詢的責任。我們仍然常在清晨一起散步，共商大計、共謀對策。

　　我們麗葛史達蒙家的生活是很充實積極的，甚至也

可能是典型美國人的生活！我最喜愛的願望仍是等我女
兒們長大成人時能親口告訴我，她們曾經擁有美好又愉
悅的童年，而且她們也被撫養得很好。我期待她們以後
都能自給自足並且能對社會有所貢獻。我深信瑪麗珮特
和瑪西會成為雙語和雙文化者，為她們自己和其他的聽
障者倡導權益，她們彼此也會成為最好的朋友。就我個
人而言，我知道我的人生因為和每位家人如此親密地生
活在一起而顯得充實又有意義。

附錄一 ≫ 作者的教養圖片

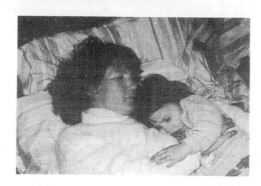

圖一：瑪麗珮特，三歲大，與芭芭拉睡在一起。一九九
　　　三年三月

圖二：在家中訓練瑪西的聽能：她四歲大，大約在領養
　　　以後的第六個月。一九九二年十月

圖三：我的小天使們。瑪麗珮特，七歲大，瑪西，五歲
　　　大。一九九三年五月

圖四：國小二年級，瑪麗珮特和我們家的狗，參加「表
　　　演和告訴」的活動。一九九四年五月

圖五：全家人去郊遊。一九九四年七月

圖六：「最佳拍檔」瑪麗珮特（八歲大）和曼娣

圖七：祖母和瑪麗珮特（八歲大）。一九九四年六月

圖八：一九九五年暑假。黛安以手語為瑪麗珮特解釋壘球

圖九：蕾塔祖母和瑪麗珮特（八歲大）。一九九四年十一月

圖十：我們的全家福照片（最上左：卜莉絲；上右：漢
　　　娜；中左：肯特，芭芭拉；中右：瑪麗珮特；下：
　　　瑪西）

附錄二 作者一九九七年帶瑪麗珮特與漢娜來台演講日誌（Taiwan Journal）

✐三月八日　星期六

經過了兩年的計畫，我們離開了堪薩斯州來到台灣！我覺得自己實在很榮幸能帶著瑪麗珮特（現在國小五年級）來台灣演講和示範如何教育聽障學生的策略。漢娜，現在是七年級了，幫忙我照顧瑪麗珮特。

我們早上五點就起床，以便有充分的時間去搭乘國際航線班機。女孩們從來沒有經歷過如此長程的旅行，我最遠也只到過法國，所以我們不是很有經驗的團隊。現在我們正飛往東京，中間有七個小時的時差。還有十四小時才能飛到台北。

瑪麗珮特很關切她在飛機上不能看電影的事實，因為飛機上沒有英文字幕。我們詢問空服員有關美國障礙者法案（Americans with Disabilities Act）的規定（譯註：美國障礙者法案規定大型電視一定要有字幕解碼器以方便聽障人士收看），她說此法案並不包括航空界；不過她蠻有同情心的，她說她會把我們的關切點寫成報告。很希望瑪麗珮特可以享受她沿途買的書；但對她而言，不能觀看沒有字幕的電影，是有點不公平。

✎三月九日　星期日

在飛機上我讓自己忙碌於閱讀、吃東西、睡覺和看電影之中。當我們終於到達台北時，真是令人興奮的一刻，雖然我有點擔心我帶了幾十本我的小書（譯註：指此書的英文版）會不會被海關刁難？但我相信我帶來的書會對台灣啓聰教育的老師有幫助，而且價錢也比從台灣訂購來得便宜（不需再加關稅）。我們準時到達，順利地通過海關，步向等候區。忽然我聽到「芭芭拉」、「芭芭拉」的叫聲，敏華立刻趨前擁抱我。我們終於見面了！世界真小啊！

敏華安排了一輛台南師院的小型公務車載我們前往高雄，由林先生駕駛。我們中途讓瑪麗珮特下車上廁所，台灣的蹲式廁所和美國的很不一樣，這對她而言是個新的經驗，她尿在衣服裡，令她很尷尬；之後我們都睡著了。我們在早上四點鐘到達高雄一家舒適的旅社，而七點我們就得起床來準備演講。敏華給我們一個叫醒電話，並帶了點心給我們當早餐吃。由於中、美的時差不同，此點對我們有點困難，也因此我們無法為瑪麗珮特的人工電子耳電池充電。還好她隨身攜帶備用電池，所以今天是可以安然度過的。當我在寫日誌時，能聽到電視上的 CNN 英語頻道，感受很好。

✎三月十日　星期一

　　林先生今日九點整來接我，載我去國立高雄師範大學。我見到了陳小娟教授。她邀請我來演講，並請我喝茶。她很和氣，令我覺得很舒服。此點對我而言很重要，因為很快地我就要開始我的第一場演講。我一次做兩件事：我一方面依據講題提供資訊給老師們，一方面我深呼吸思考著：「我和敏華經過了兩年的計畫（譯註：主要指雙方的電子郵件連絡），現在我真的是在台灣演講教別人了！」當我看到大約有八十位左右的學生和家長專注地聽我演講時，我覺得鬆弛不少。他們對我所放的教學錄影帶似乎也很有興趣。早場演講完後，女孩們進來了；我一一介紹她們。

　　演講完後，林先生和敏華帶我們去佛光山一遊。我們看到了一尊好大的佛像，我們一直走到大佛的頂端。沿途看到很多的僧侶，也看到有學生對著我們揮手和微笑。我很高興能來到戶外的一個聖地一遊。

　　之後我們開了一小時左右的車來到台南市壯觀的台南大飯店。我們覺得受到很大的禮遇。一家人能住一起真好。我們晚上八點就睡了；睡了足足有十一個小時。

✎三月十一日　星期二

　　敏華已為我們安排了一個探險的一天！首先我們去

台南啓聰學校參觀。我照了整整一捲相片；女孩們真的
很享受試著與台灣聾童溝通的樂趣。我們遇見了一位曾
去過美國哥老得大學會打美國手語的聾師——張老師；
他和瑪麗珮特以英文筆談。瑪麗珮特對他打手語，然後
告訴我們她對班上的聾童們說了什麼話。我們聽到了很
多聾童還沒上學以前的故事，還有他們的父母不會打手
語等。我們送出一些禮物，也收到了鄭校長贈送的禮物，
那是一個美麗的盒子，裡面裝有代表祝福的中國字的吉
祥物。鄭校長還讓我們借他的車子和司機去欣賞台南市
的寺廟，如文廟、武廟等，此舉令我們驚喜。我很愛看
這些寺廟，也學習到更多的台灣文化。

　　下午我們對台南聲暉協會的家長們演講。當我們回
到旅館後，我繼續寫我的日誌，女孩們就觀賞中文的電
視節目。我在寫日誌中和著衣服睡著了。

✎三月十二日　星期三

　　我們昨夜太累了，以致我和漢娜竟睡了十個小時！
瑪麗珮特為了等我們起床，已看完了一整本書！但我們
還是起床了，準備好後在七點四十五分時離開旅社，開
始了為期三天「聽障學生的閱讀與教學」研討會。國立
台南師範學院的吳鐵雄校長到場在開幕式中致詞歡迎我
們，並贈送我一束鮮花。我覺得非常榮幸，也很高興女
孩們能看到研討會的這一個部分。吳校長對於瑪麗珮特

又能比手語又能說清晰的英語，感到非常訝異。我希望藉由她的表現，能讓台灣人民知道手語並不會妨礙可理解口語的發展。

台南師院啓明苑的演講廳坐滿了近三百位由南北中各地來的啓聰教育教師與家長代表們。他們問了一堆很好的問題；似乎他們也很欣賞敏華和我所選的主題。只要觀眾中有人問問題，我就會以特製的禮物送他們做獎品——一個綠色的台灣島別針，上面有「我愛你」的美國手勢。

女孩們和我們一起吃飯，但下午她們去和敏華的朋友——黃秀霜老師一起逛百貨公司，再去她家玩。一天下來，我累壞了，準備休息，所以敏華安排我直接回旅館。女孩們已回來。她們度過美好的一天，也更了解台灣人民的一切。她們對能去黃老師的家，和逗她的嬰兒玩，感到興奮異常。當她們在閱讀和看電視時，我抽空寫我的日誌。我們今日又早早上床就寢了。到目前我們已失去看中文電視的興趣；我們觀看CNN的足球比賽直到不想看為止。

✎ 三月十三日　星期四

今天是瑪麗珮特贏得她機票的一天（她是示範者）；我希望她表現良好！漢娜今天也要講一些話，解釋我們居住的地方並介紹我們的家庭成員。我有點緊張，不知

道她們的表現如何。

　　結果是今天一切順利！！女孩們表現得可圈可點；而且觀眾們似乎也很喜歡暫時不必聽我的聲音，休息一下！今日我的演講重點在聽能。隨後，陳老師和李老師帶我們去吃一些特別的食物；我們喜歡吃蝦捲，但不喜歡吃怪布丁（譯註：指傳統豆花）！我想假裝我喜歡吃，但李老師看穿了我的心思！然後我們去逛百貨公司時又吃了一頓！回旅館前，我們買了一些東西。我爲大女兒卜莉絲買了一個美麗的項鍊，也爲瑪西買了一個中國娃娃。回到旅館後，我們看了一部英國的神祕影片後還清醒著。我寫我的日誌，和女孩們討論她們禮拜五要如何忙碌地度過。

✎ 三月十四日　星期五

　　女孩們留在飯店中，而我今日要表現得很專業——不必嘗試兼伴媽媽的角色。今天是研討會的最後一天，而我也真希望儘可能地提供所有我知道的資訊給很多的啓聽教育教師們。我給出了很多的禮物，也收到了很多的禮物，此外也有許多的拍照正進行著！

　　我知道有些教師由很遠的地方趕來聽演講，因此最後一場問答時間有人必須先行離去，所以在午餐後我在研討會上正式向每位教師致謝。這趟旅程對我而言是如此特別的經驗，我想來台灣教學的美夢終於成真，然而

突然間，這研討會只剩下最後的一場了，我的淚水不禁奪眶而出，我只好轉身背對聽眾以鎮定情緒。

我哽咽地試著向他們解釋，我覺得能來到台灣演講，是多麼幸運的事。敏華是個有信仰的人；我確信她的禱告已蒙垂聽，以致我能順利來台。我也感謝台南師院特教系的教授與承辦人員們；經由他們的精心策劃與有條不紊的組織，使我能對台灣啟聽教育的教師們有所助益。我們的動機是去真正地幫助教師們；我們希望教師們學到如何更有效地教育聾或重聽的學生，也希望他們能從研討會中帶走一些好點子以便應用於自己的班級中。我相信我們已經成功地達到協助教師的目標。

等我開始恢復鎮定後，我開始了下午的場次。我談到要如何加速聾童閱讀的課題。之後每位教師可以問兩個問題，他們也真的問我一些問題！他們所提的問題很好，我覺得我們可以繼續地討論下去。終於閉幕式的時間到了。劉教務長正式地結束了這個研討會。林先生迅速地載我回到旅館換裝，接女孩子們，再到特教系系主任莊教授的家中去參加慶功宴。

莊教授的透天厝和美式住宅不同；她家共有四層樓高，每層都有一到二間房間。美式住宅為二到三層樓高，每層樓有三到四間房間。屋內湧進大約有十位賓客，一起到二樓的客廳坐坐。在等候吃飯的時間裡，我們享受和莊教授的先生以及她家人的聊天時光。當我們被邀請

下樓吃飯時，滿桌一道道鮮美的海鮮佳肴正等候著我們！我和女孩們探險地試吃烏賊、龍蝦、螃蟹、蝸牛、鱔魚和其他更多的菜！飯後還有好吃的兩道甜點。我們又吃又聊地度過三個鐘頭；我們也很喜歡逗逗他們的女兒，當時六歲大，和他們的兒子，當時四歲大。我開始可以想像女孩們多麼想念她們家鄉的兒時玩伴了。陳教授教漢娜說很多的中國話，瑪麗珮特則專注地學習更多的台灣手語。今晚沒有人急著趕回家，但我卻得在上床前管理自己寫下日誌。

✎三月十五日　星期六

我們一早就起床，在赴機場到台北上最後一次的研討會之前，整理行李。太多人給我們的禮物使我不知該如何打包全部帶走！在上機之前我寫了幾張明信片。而四十五分鐘以後我們就抵達台北了。當我們擠進計程車前往國立台灣師範大樓時，司機先生幾乎不知該如何處理我們所有的行李。我們現在住在師大綜合大樓中的校友會館裡；明天的研討會就在這個綜合大樓內舉行。我睡在一張床上，但女孩們卻想嘗試地板上寬大的墊子。她們很高興電視裡有兩個美國頻道可以收看。

今晚我們去中華民國聾人協會（手語之家）演講。巨大表示歡迎的手勢迎接著我們，每個人看起來是如此和善！那是一個如夢般美好的經驗！我得到一卷「手能

生橋」的台灣手語錄影帶和一件上有手語符號很酷的 T
恤。我對他們演講；女孩們也在一旁幫助我。我們還和
一些新朋友們約定明天觀光的時間。

✎三月十六日　星期日

今天和我們新交到的聾友們一起觀光，實在是一個
探險歷程。由於我們無法正式地以口語溝通，大部分時
間就靠瑪麗珮特的手來傳達。她隨身帶著昨晚聾人送的
手能生橋的手語書，再查閱她想找的字詞手勢。我們去
中正紀念堂參觀，之後我們去逛街，度過一個長長慵懶
的午後。我們喜歡看聾畫家的畫；女孩們也愛買玉墜子。
我們去麥當勞吃午餐，麥當勞在美國不是我喜歡去的地
方，但在台灣可是我們愛去的地方──不會吃到烏賊！

✎三月十七日　星期一

大約有一百二十位教師參加今天的研討會。敏華向
我解釋這是由於參加過台南師院研討會的教師好康相報
的結果，有很多人由各地前來參加此研討會。主辦人林
寶貴教授很訝異有這麼多位與會者，但每個人都很高興。
研討會完畢後，我們去一家美國飯店吃自助餐晚宴，我
們猛吃久未嘗過的美國食物。

隔天計程車司機載我們到機場。我對出境時要付如
此多的錢嚇了一跳。隨後我將餘款換成美國錢幣，再拖

著行李過關。再過三小時我們就會到達東京，因爲日本方面也要我在回美國之前去那兒主講三天的研討會。

　　台灣之旅令人難忘。女孩們和我是何其有幸！當我們離開這個美麗的島嶼時，我從飛機上俯瞰大地，期盼我所分享的訊息，能對台灣啓聰教育界的教師們有所助益。

附錄三 〉 美國與台灣有關聽障兒就學、就業、就養的資源

台灣部分

一、網站資源：

　　中華民國特殊教育網路

　　阿寶的天空：http://192.192.59.7

　　＊這個網站有各種特殊教育的介紹，又連結了很多
　　　國內外特殊教育的網站。

二、聽障教育網站：

　　雅文兒童聽語文教基金會：http://www.chfn.org.tw

　　婦聯聽障文教基金會：http://www.nwlhif.org.tw

三、聾人機構網站：

　　中華民國聾人協會：http://192.192.152.73/lp/unhear/

　　中華民國啓聰協會：http://www.deaf.org.tw

　　中華民國聽障人協會：http://wv.w.cnad.org.tw

四、公視聽聽看節目：http://see.pts.org.tw

五、就學機構：

　　㈠早期療育：

　　　私立：雅文兒童聽語文教基金會。免學費。聽覺口
　　　　　　語法。

私立：婦聯聽障文教基金會。口語法。

學前聽障班：招收四到六歲聽障生。

聽障嬰幼兒親子輔導課程：協助零至三歲聽障生家長。

公立：台北、台中啓聰學校嬰幼兒班。口語法。

公立幼稚園：台北、台中、台南啓聰學校幼稚部。

　　　　　　口語法。

　　　　　　另有一些國小啓聰班附設幼稚園。

　　　　　　口語法。

㈡小學階段：啓聰學校（綜合溝通）、啓聰班（口語為主）、資源班、普通班。

㈢國中階段：啓聰學校（綜合溝通）、啓聰班（口語為主）、資源班、普通班。

㈣高中／職階段：啓聰學校（綜合溝通）、啓聰班（口語為主）、資源班、巡迴輔導措施、普通班。

㈤大學階段：資源班、普通班。部分大專有手語翻譯與筆記抄寫服務。

六、就業機構：尚無專門輔導聾人就業的專業機構。台北市政府有專業手語翻譯員。

七、聾人機構：中華民國聾人協會、啓聰人協會、各地聾人福利協進促進會。

八、家長支持團體：中華民國聲暉協會（出版聲暉雙月刊）。

九、專業聽障期刊：目前只有民間家長團體所出版的聲暉雙月刊。

十、聽障諮詢服務：各師大師院與中原大學特教系與各
　　啟聰學校輔導室有電話諮詢專線服務。

十一、聽障有關書籍：
　　　林寶貴（民83）：聽障教育與復健。台北：五南。
　　　蕭雅文（民86）：聽力學導論。台北：五南。
　　　史文漢、丁立芬（民83）：手能生橋。台北：中華
　　　　　民國聾人協會。
　　　教育部手語研究小組（民88）：修訂版手語畫冊。
　　　　　台北：教育部。

美國部分

一、網站資源：
　　SERI (Special Education Resources on the Internet)
　　http://www.hood.edu/ser/serihome.htm
　　這個特殊教育網站有各項特殊教育類別的連結網站，
　　非常方便檢索。

二、聽障教育網站：
　　聾教育之選擇（The Deaf Education Option Web）
　　http://www2.pair.com/options
　　此網站列出聽覺口語法、傳統口語法、口手標音、
　　綜合溝通法、美國手語等各種溝通派別的特免與地
　　區供家長參考選擇。

三、手語網站：

美國手語線上字典（Sign Language Dictionary Online）
http://dww.deafworldweb.org/asl

四、口語網站：貝爾協會（http://www.agbell.org）

此網站介紹口語派的刊物、服務內容與產品。*Volta Review* 為其學術期刊。

五、就學機構：

早期療育至大學：提供聽障嬰幼兒早期療育至中學的學校名錄請參閱《美國聾人年刊》（*American Annals of the Deaf*）的年度參考本。大部分的學校提供聽障嬰幼兒教育，這些學校所用的主要溝通模式為口語手語併用或是口語法，美國手語次之，口手標音法的服務更少。所提供服務主要有：回歸主流、（手語或口語）翻譯、聽力評量與服務、輔導諮商；多重障礙聽障生、家長─嬰幼兒服務的服務較少，社工師的服務更少。家長可視自己的需要選擇適合的學校就讀。在大學階段，美國有獨特的哥老德大學（Gallaudet University）供聾人就讀高級學位；此校校長也是聾人。

六、就業機構：美國各州有職業復健諮商員負責聽障者的就業事宜。

七、聾人機構：有國立聾人協會（National Deaf Association）。有國立聾劇團。

八、專業聽障期刊：

Volta Review（口語派、以口語法爲主的專業期刊）

American Annals of the Deaf（美國聾人年刊；綜合溝通、手語派的專業期刊）

九、有關書籍：

Schwartz, S. (Ed.) (1996). *Choices in deafness - A parents' guide to communication options*. Bethesda, MD: Woodbine House, Inc.《致聾的選擇——溝通模式家長指引》。本書列舉美國教育聽障生的各種溝通模式之特色與成功案例供家長選擇：聽覺口語法、雙語—雙文化、口手標音法、口語法、綜合溝通法等。這是一本客觀的好書。

Stewart, D. A., & Luetke-Stahlman, B. (1998). *The signing family - What every parent should know about sign communication*. Washington, D.C.: Clerc Books.《手語家庭——家長應該知道的手語溝通》。本書對有興趣使用手語的家長提出不同手語系統／語言的優點與特色，供家長選擇。

永然法律事務所聲明啟事

　　本法律事務所受心理出版社之委任爲常年法律顧問，就其所出版之系列著作物，代表聲明均係受合法權益之保障，他人若未經該出版社之同意，逕以不法行爲侵害著作權者，本所當依法追究，俾維護其權益，特此聲明。

永然法律事務所

李永然律師

親師關懷 13

一個母親的故事——教養聾童：由教育家成為家長

作　　者：Barbara Luetke-Stahlman, Ph.D.
譯　　者：邢敏華、廖君毓
執行編輯：陳怡芬
執行主編：張毓如
總 編 輯：吳道愉
發 行 人：邱維城
出 版 者：心理出版社股份有限公司
社　　址：台北市和平東路二段 163 號 4 樓
總　　機：(02) 27069505
傳　　真：(02) 23254014
郵　　撥：19293172
　E-mail：psychoco@ms15.hinet.net
駐美代表：Lisa Wu
　　　Tel：973 546-5845　　Fax：973 546-7651
法律顧問：李永然
登 記 證：局版北市業字第 1372 號
印 刷 者：翔勝印刷有限公司
初版一刷：2000 年 3 月

國家圖書館出版品預行編目資料

一個母親的故事：教養聾童：由教育家成為家
長／Barbara Luetke-Stahlman 作；邢敏華,
廖君毓譯. － 初版. － 臺北市：心理,
2000[民 89]
　　　面；　　公分. － （親師關懷；13）
譯自：One mother's story: raising deaf
children, an educator becomes a parent
　ISBN 957-702-364-9 (平裝)

　1. 聽覺障礙 － 教育 2. 聾啞 3. 家庭教育

529.5　　　　　　　　　　　　　　89002613

讀者意見回函卡

No. _____ 　　　填寫日期： 年 　月 　日

感謝您購買本公司出版品。為提升我們的服務品質，請惠填以下資料寄回本社【或傳真(02)2325-4014】提供我們出書、修訂及辦活動之參考。您將不定期收到本公司最新出版及活動訊息。謝謝您！

姓名：_____ 　性別：1□男 2□女

職業：1□教師 2□學生 3□上班族 4□家庭主婦 5□自由業 6□其他_____

學歷：1□博士 2□碩士 3□大學 4□專科 5□高中 6□國中 7□國中以下

服務單位：_____ 　部門：_____職稱：_____

服務地址：_____ 　電話：_____傳真：_____

住家地址：_____ 　電話：_____傳真：_____

電子郵件地址：_____

書名：_____

一、您認為本書的優點：（可複選）

　❶□內容 ❷□文筆 ❸□校對 ❹□編排 ❺□封面 ❻□其他_____

二、您認為本書需再加強的地方：（可複選）

　❶□內容 ❷□文筆 ❸□校對 ❹□編排 ❺□封面 ❻□其他_____

三、您購買本書的消息來源：（請單選）

　❶□本公司 ❷□逛書局⇨_____書局 ❸□老師或親友介紹

　❹□書展⇨____書展 ❺□心理心雜誌 ❻□書評 ❼□其他_____

四、您希望我們舉辦何種活動：（可複選）

　❶□作者演講 ❷□研習會 ❸□研討會 ❹□書展 ❺□其他_____

五、您購買本書的原因：（可複選）

　❶□對主題感興趣 ❷□上課教材⇨課程名稱_____

　❸□舉辦活動 ❹□其他_____　　　　　（請翻頁繼續）

廣　告　回　信
台灣北區郵政管理局登記證
北　台　字　第　8133　號

（免貼郵票）

 心理出版社 股份有限公司

台北市 106 和平東路二段 163 號 4 樓

TEL:(02)2706-9505
FAX:(02)2325-4014
EMAIL:psychoco@ms15.hinet.net

沿線對折訂好後寄回

六、您希望我們多出版何種類型的書籍

　　❶□心理❷□輔導❸□教育❹□社工❺□測驗❻□其他

七、如果您是老師，是否有撰寫教科書的計劃：□有□無

　　書名/課程：＿＿＿＿＿＿＿＿＿＿＿＿＿＿＿＿＿＿＿＿＿

八、您教授/修習的課程：

上學期：＿＿＿＿＿＿＿＿＿＿＿＿＿＿＿＿＿＿＿＿＿

下學期：＿＿＿＿＿＿＿＿＿＿＿＿＿＿＿＿＿＿＿＿＿

進修班：＿＿＿＿＿＿＿＿＿＿＿＿＿＿＿＿＿＿＿＿＿

暑　假：＿＿＿＿＿＿＿＿＿＿＿＿＿＿＿＿＿＿＿＿＿

寒　假：＿＿＿＿＿＿＿＿＿＿＿＿＿＿＿＿＿＿＿＿＿

學分班：＿＿＿＿＿＿＿＿＿＿＿＿＿＿＿＿＿＿＿＿＿

九、您的其他意見

謝謝您的指教！　　　　　　　　　　　　　　45013